Hans Eppendorfer, Jahrgang 1942, lebt in Hamburg. Seit 1973 ist er freier Schriftsteller. 1980 erhielt er ein Stipendium der Freien und Hansestadt Hamburg, 1981 bis 1982 war er Stadtteilschreiber von St. Pauli. Hans Eppendorfer ist Vorsitzender des Hamburger Literaturzentrums und Vorstandsmitglied des Hamburger Schriftstellerverbandes.

Vollständige Taschenbuchausgabe 1988
Droemersche Verlagsanstalt Th. Knaur Nachf., München
Lizenzausgabe mit freundlicher Genehmigung des Verlages
Hoffmann und Campe

Umschlaggestaltung Adolf Bachmann
Umschlagabbildung Christian Dekelver, Stuttgart,
Albert Kohlmeir, München
und Fotos aus dem Innenteil (Nachweis S. 254)
Druck und Bindung Ebner Ulm
Printed in Germany 5 4 3 2 1
ISBN 3-426-03867-6

Hans Eppendorfer:
Szenen aus St. Pauli

Mit 63 Abbildungen

Knaur

Die abgebildeten Personen sind nicht identisch mit den im Text erwähnten Personen und stehen auch in keiner Beziehung zu diesen, es sei denn, unter dem gemeinsamen Begriff »St. Pauli«.

Inhalt

Helmut Kentler

Notgemeinschaft St. Pauli

Aus einem Brief an den Autor

St. Pauli erlebe ich heute ganz anders. Früher kannte ich nur das Vergnügungsviertel, wo gegen Geld fast alles geht, was sonst verboten ist. Ich kannte die verführerische und erregende Fassade, die mich aber auch unsicher machte. Ich fühlte mich so wie früher als kleiner Junge, wenn ich etwas Unerlaubtes tat: Da ist der prickelnde Reiz, der immer entsteht, wenn eine sonst eingehaltene Grenze überschritten wird – und da ist zugleich die Angst, entdeckt zu werden.

Du hast mir nun eine andere Seite von St. Pauli gezeigt, die der Tourist nicht sieht: die Keller von St. Pauli, wo du plötzlich auf Pflastersteine von alten Straßen gerätst, die Hinterhöfe und Hinterhäuser, die Eingänge »Für Lieferanten und Personal«, ich habe hinter der Theke gesessen, habe zugehört, wenn Du mit Leuten redetest, die in ihrer Garderobe auf den nächsten Auftritt warteten. Das war zwar auch erregend neu für mich – aber die Unsicherheit war weg. Ich habe mich immer wohler gefühlt. St. Pauli bekam etwas Vertrautes, wurde menschlich. Früher kam ich gar nicht auf die Idee, daß hier auch Menschen leben!

Da kam noch etwas ganz Wichtiges hinzu: Ich ging nicht mehr als Fremder durch St. Pauli, denn Du warst dabei. Du kennst ja viele Leute, und ich hatte den Eindruck, sie kennen Dich gut und vertrauen Dir. Weil ich in Deiner Begleitung war, hat sich das auf mich übertragen. Nach den üblichen Eingangsfloskeln »Wie geht's, wie steht's?« wurde immer sehr offen geredet, und ich bekam nicht das Gefühl, daß ich stören könnte,

denn ich wurde in das Gespräch einbezogen. So fühlte ich mich an- und aufgenommen.
Wenn ich dann wieder zu Hause bin und an die Tage auf dem Kiez zurückdenke . . . also, neulich ist mir eingefallen: Wenn dieses St. Pauli kaputtginge, dann müßten sofort zwei große Nervenheilanstalten gebaut werden. Denn die meisten Menschen, die dort leben, die arbeiten, verdienen, ihre Steuern und Sozialabgaben bezahlen, die niemandem zur Last fallen und auf ihre Art sehr wertvoll sind für die Gesellschaft – sie würden ihren Platz, den sie hier haben, verlieren, sie würden weggedrängt, gerieten an den Rand, sie könnten nicht mehr existieren und müßten versorgt werden. Sie würden verrückt werden. Nirgends bin ich so vielen gefährdeten Menschen begegnet wie auf St. Pauli. Dennoch habe ich nicht wie sonst die Angst, daß sie den Halt unter den Füßen verlieren, denn sie halten sich gegenseitig fest. Es ist riskant, was sie machen, aber es zerstört sie nicht, sondern hält sie am Leben, ein Leben übrigens, das oft viel interessanter ist als das der meisten »normalen« Bürger.
Ich habe häufig mit Menschen zu tun, die sich irgendwie durchschlagen müssen. Sie haben nichts gelernt, arbeiten als Hilfsarbeiter und Angelernte, sie müssen tagaus, tagein immer das gleiche machen, sie müssen sich als Rädchen in das große Getriebe einfügen. Je älter sie werden, um so unscheinbarer, nichtssagender werden sie. Sie kommen mir vor wie Nachtschattengewächse: Alles Bunte, alles Interessante ist weg. Sie leben nur noch, um zu leben. Sie sind zerstört. Ich weiß, es ist schlimm, was ich da sage, denn ich rede von einer großen Gruppe unserer Bevölkerung.
Hier treffe ich ebenfalls Menschen, die von der Schule geflogen sind, die keine Lehre gemacht haben, die auf den vorgeschriebenen Wegen nichts gelernt haben. Sie sind nicht in einem der vielen anerkannten Berufe tätig,

aber sie sind auch nicht Rad im Getriebe geworden. Sie gehen überhaupt nicht dem nach, was man eine geregelte Tätigkeit nennt.
Sie sind augenscheinlich Künstler im Überleben und auf jeden Fall Genies im Herausfinden immer neuer Nischen, wo sie vorübergehend ihren Lebensunterhalt verdienen können. Sie haben sich nicht angepaßt. Sie sind nicht kleinzukriegen. Lauter Stehauffrauen und Stehaufmänner. Sie haben alle ihre Macken. Keiner könnte regelmäßig leben: so wie heute, so immer, und kein Maß überschreiten!
Aber: Sie alle sind Persönlichkeiten, und wenn man mit ihnen redet, haben sie etwas zu sagen. Ich habe vor ihnen nicht das schlechte Gewissen, das der Aufgestiegene vor Zukurzgekommenen hat. Sie können mir von Augenblicken in ihrem Leben erzählen, um die ich sie beneide. Ich möchte zwar nicht mit ihnen tauschen, aber einiges an ihrem Leben finde ich verlockend. Du merkst, ich habe Respekt vor ihnen, und als mich neulich einer um Rat fragte und mir sagte, ich könnte gut zuhören, war ich sehr stolz. Diese Menschen sind ganz anders als ich. Aber ich finde sie so wichtig, daß ich gern von ihnen akzeptiert sein möchte.
Du sagst, dieses St. Pauli sei ein Schmelztopf. Was mich so packt, ist, zu sehen, wie die Menschen hier tatsächlich miteinander verschmolzen sind. Keine Sorge: Ich idealisiere nicht! Auch hier ist einer des anderen Konkurrent. Auch hier wird rumgeschrien, ausgetrickst, Kleinkrieg geführt, und Schadenfreude hebt das Selbstgefühl. Aber (so kommt es mir vor) es ist begrenzt – begrenzt dadurch, daß einer den anderen kennt. St. Pauli ist eine eigene Welt und eine kleine, überschaubare und durchschaubare Welt. Ich habe das oft in Gesprächen mitgekriegt: Da ist der krank, da ist die gestorben, da haben die geheiratet... Man weiß voneinander. Als neulich dieser Ausgeflippte in seiner

Wohnung schrie, da hat keiner sich angestrengt, es zu überhören, um keine Scherereien zu kriegen, sondern wer es hörte, kam angerannt, um ihm zu helfen. Die mir das erzählte, fügte hinzu, sie finde ihn ja auch komisch, aber das sei doch kein Grund, ihn hängen zu lassen, und im übrigen könnte sie nie vergessen, wie er damals das Kind vor dem Laster weggerissen hat.

Hier leben Menschen, die einen Namen und eine Geschichte haben. Das ist bekannt, und weil man miteinander bekannt ist, hilft man sich in Notzeiten gegenseitig.

Neulich an einem Sonntagmorgen, so gegen 7 Uhr, war ich in einem Café. Da saßen die Prostituierten mit ihren Zuhältern, lauter kleine Gruppen von sechs bis acht Leuten, an den Tischen. Mir schien, sie kannten sich alle untereinander. Es ging sehr herzlich und fröhlich zu, und auch ich, der Fremde, fühlte mich nicht als Außenseiter.

An St. Pauli könnte man einmal untersuchen, was Menschen eigentlich unbedingt brauchen, um ihr Leben zu lieben. Es gibt viel Zerfallenheit und Armut hier. Ich glaube, manche Wohnhäuser haben noch ihre Klos auf dem Hof. Es gibt wenig Hygiene und Komfort. Wenn das alles da ist, wird das Leben sicher angenehmer. Aber wird es auch lebenswert?

Wenn man durch die Nebenstraßen geht, wo die untersten Wohnungen auf der Straßenebene liegen, kann man den Leuten in die Zimmer sehen. Du siehst die Gardinen, die Möbel, den vielen Nippes, der da herumsteht, all die Sachen, die Menschen so im Laufe ihres Lebens um sich herum ansammeln. Menschen brauchen eine solche selbstgebaute und langsam gewachsene Umwelt. Sie ist Voraussetzung für Nachbarschaft. Die gibt es hier noch: das Gespräch über den Zaun und von Fenster zu Fenster. Die Menschen sind voneinander nicht so abgeschottet wie in den großen Neubauten. Die mit den Menschen gewachsene Umwelt und das Miteinanderleben auf Tuchfühlung haben zur Folge, daß es hier nie eintönig und langweilig zugeht. Da passiert Unvorhergesehenes. Da gibt es Ärger und Aufregung, auch Überraschungen, Erfreuliches, mit dem nicht gerechnet wurde. Und schließlich, sehr wichtig: Die Wohnungen sind (noch?) billig. Unterhalb eines bestimmten Einkommens kommt es den Leuten darauf an, daß sie fürs Wohnen wenig ausgeben, damit möglichst viel für das Leben in und außerhalb der Wohnung übrigbleibt.

Preiswert leben, vertraute Umgebung, Nähe zu anderen Menschen, Abwechslung – ich glaube, das brauchen Menschen, damit sie nicht einsam, deprimiert, krank werden. Es ist gar nicht so viel, eigentlich recht bescheiden. Aber wenn es fehlt, werden die Menschen – oder doch zumindest die Menschlichkeit zwischen ihnen – zerstört. In Neubaugebieten fehlt es ganz. Viele Menschen, die in St. Pauli leben, würden woanders untergehen. Mir scheint, hier könnte man lernen, wie man Notgemeinschaften bildet.

Du hast mir erzählt, daß St. Pauli ganz früher einmal ein gutes bürgerliches Wohnviertel war. Dann kamen die Tanzsäle. Die Häuser für Varietés und Revuen wurden gebaut. Die Bürger aus der Hansestadt und aus Altona kamen hierher, um sich zu amüsieren. Und es dauerte nicht lange, da erschienen auch die Leute, die in den besseren Gegenden nicht gern gesehen waren, mit denen man nichts anzufangen wußte, die man los sein wollte. Hier fanden sie Existenzmöglichkeiten, aber sie trafen auch auf andere Außenseiter. So schwer es fiel, sie mußten miteinander auskommen, wenn sie ihre Existenzgrundlage nicht verlieren wollten.

Wenn ich die Geschichte St. Paulis richtig deute, dann ist hier über Generationen hinweg eine Tradition an Wissen und Erfahrung entstanden, wie Menschen, die

durchaus schwierig sind und es schwer haben, sich gegenseitig über die Runden helfen können. Drei Spielregeln, nach denen das funktioniert, sind mir aufgefallen. Da ist erstens die große Toleranz. Sie ist aus der Einsicht entstanden: Wenn ich nicht auf die Goldwaage gelegt werden will, dann muß auch ich andere in Ruhe lassen: Sie sollten tun dürfen, was sie für richtig halten. Wie gut diese ganz praktisch auf Gegenseitigkeit angelegte Toleranz klappt, ist daran zu erkennen, daß es hier keine Minderheiten in der Minderheit gibt. Du kennst das: Minderheiten schaffen sich eine Untergruppe, die sie ihrerseits verachten können, diese sucht sich ebenfalls eine Sündenbockgruppe, so daß eine Hierarchie der Verachtung entsteht, in der jeder sein Selbstwertgefühl aufbauen kann auf Kosten der unter ihm Stehenden, die noch mißachteter sind als er. Das gibt es hier nicht.
Da ist zweitens das, was ich die »Vielfachkulissen« nennen möchte. Unser Leben hat meist nur eine einzige Kulisse, beispielsweise eine Arbeits- oder eine Freizeitkulisse. Dieser »Einfachkulisse« muß man sich anpassen. Auf St. Pauli gibt es überall vielfach hinter- und gegeneinander verschobene Kulissen. Da ist vor allem die »Große Freiheit«, also jener für die Touristen aufgebaute Prospekt, vor dem sie sich amüsieren können. Die nächste Kulisse ist die, vor der die Portiers und Anmacher agieren: Sie sollen Kunden anlocken, aber auch Störenfriede draußenhalten. Das ist bestimmt keine langweilige Tätigkeit, und sie verlangt auch einige Qualitäten. Doch diese Türsteher haben hier mit Sicherheit keinen Dauerjob. Das ist eher etwas für Leute, die Gelegenheitsarbeiten suchen. Dann die Garderoben- und Toilettenfrauen. Das sind oft Frauen, die früher aufregender und aufreibender gelebt haben und nun auf ihre alten Tage diese Arbeit tun müssen. Vor ihrer Kulisse treten die Kunden mit ihrer vielleicht sympa-

thischsten Seite in Erscheinung; vielleicht wirken Garderoben- und Toilettenfrauen deswegen so souverän. Eine Kulisse ist auch die Bühne, auf der Frauen und Männer auftreten und etwas darbieten. Mit dem, was sie da zeigen, geben sie den Touristen das, wofür die bereit sind zu zahlen. Aber ich behaupte, auch die Darbietenden haben in vielen Fällen etwas sehr Persönliches von ihrer Vorstellung: Sie befriedigen ihren Narzismus, ihre exhibitionistischen oder transvestitischen Neigungen, ihren Masochismus usw. Ich will sagen: Die vielfachen Kulissen geben vielen sehr unterschiedlichen Menschen die Möglichkeit, entsprechend ihren Bedürfnissen und Fähigkeiten zu leben. Die Vielfachkulissen sind Auffangbecken, die vielen gerecht werden. Damit geben sie sich aber auch das Gefühl, nützlich und keinesfalls wertlos zu sein. Ich glaube, dies ist der Boden, auf dem die Notgemeinschaft wächst: Ohne die Anmacher an der Tür würde das Lokal nicht voll; die Türsteher wären überflüssig, wenn drinnen nichts geboten würde, und die Garderoben- und Toilettenfrauen hätten nichts zu tun, wenn es diese Lokale nicht gäbe.
Die dritte Spielregel verleiht den Touristen eine besondere Bedeutung. Oberflächlich gesehen, bringen sie nur das Geld. Sie sind also die Existenzgrundlage des heutigen St. Pauli. Aber die Leute, die mit den Touristen zu tun haben, kriegen doch sehr genau heraus, was mit denen los ist: Sie klettern nach langer Fahrt aus ihren Omnibussen heraus, oder sie machen nur mal so eben einen Abstecher von dem Kongreß, zu dem sie nach Hamburg gekommen sind – lauter biedere, anständige Leute! Aber was dann geschieht, was dann herauskommt an lange geheimgehaltenen Wünschen, was sie dann verlangen und wofür sie viel Geld ausgeben, das ist dann doch so, daß keiner mehr, der in St. Pauli arbeitet und lebt – und sei er noch so ausgeflippt –, sich seiner selbst schämen müßte. Ich glaube, das gute Selbstbe-

wußtsein der Leute in St. Pauli ist entscheidend darin begründet, daß sie wissen, wozu die feine, sonst so prüde Gesellschaft fähig ist. Die kann ihnen nicht mehr imponieren.

Ich weiß nicht, wie lange das alles noch funktionieren wird. St. Pauli ist eine Insel, und diese Insel wird immer kleiner. Du hast mir auch das gezeigt auf unseren Gängen: St. Pauli am Rand, da, wo es angefressen wird, wo es ausfranst. Da wird diese gewachsene Kulturwelt abgerissen. Da werden Bürogeschosse und Wohnklötze hochgezogen. Da ist St. Pauli zum Aussterben verurteilt. Ich fürchte, das Ende kommt immer schneller. Mehrmals ist mir passiert, daß ich vor einer abgetragenen, aufgeräumten Fläche stand, auf der vor vier Wochen noch ein Haus war.

Am Rand von St. Pauli läßt man Häuser absichtlich verfallen, um sie abbruchreif zu kriegen. Mir ist aufgefallen: Da wo St. Pauli wegtreibt, wo es zerstört wird, da ist St. Pauli sehr schmutzig. Da gibt es auf einmal ungeleerte Mülleimer, Hundehaufen verschandeln die Bürgersteige. Hier leben Leute im Unrat, und sie sind genauso vereinsamt und verängstigt, allein mit ihrem Hund als letztem Lebensgefährten, wie überall, wo sich Menschen in ihrer Existenz bedroht fühlen. Ich habe Menschen getroffen, die Selbstgespräche führten. Ich bin seltsam aussehenden Gestalten begegnet, Menschen, die sich vernachlässigen, die sich nicht mehr zurechtmachen, weil sie nicht mehr glauben, daß jemand kommt, auf den sie Eindruck machen können. Diesen Menschen gibt St. Pauli keinen Rückhalt mehr. Sie sind aus den sozialen Verflechtungen herausgefallen. Für sie wird bald die Nervenheilanstalt oder das Altenheim nötig sein.

Aber St. Pauli wird auch von innen zerstört. Es gibt nicht wenige alte Menschen hier, die, als sie noch jung waren, unbedingt wegwollten, doch dann haben sie es

nicht geschafft. Sie haben ihre Niederlage, ihren Verzicht, hier ausgelebt. Immerhin haben sie für den Lebensabend ihr Zuhause in St. Pauli gefunden. Doch nun müssen sie erleben, daß immer mehr Ausländer kommen, und sie kriegen Angst, weggedrängt zu werden. Dazu kommt, daß sie das immer perfektere Lustgeschäft verschreckt. Und sie trauern der verlorenen Romantik St. Paulis nach. Sie beklagen sich über die Hast. Sie verspüren eine Kälte, die sich auch hier immer mehr unter den Menschen ausbreitet.
Ich fürchte, beides zusammen wird auf Dauer tödlich wirken. Wenn ein Haus nur ein bißchen vernachlässigt wird, sind schon Ausländer drin, bringen ihren ganz anderen Lebensstil mit und helfen, das Haus total zu ruinieren. Verstehe mich richtig: Ich habe etwas gegen Vorurteile, zumal wenn sie sich gegen Menschen anderer Völker richten, und ich bin sicher, jeder Ausländer in Deutschland wäre lieber in seiner Heimat. Aber hier in St. Pauli verstehe ich auch die Angst der Alteingesessenen. Hier sind so viele Gegensätze ausgeglichen worden, so viele Außenseiter wurden aufgenommen und gehören nun dazu. Aber die Kraft zur Integration ist nicht unerschöpflich. St. Pauli ist überfordert, wenn es nun auch noch den Ausländern gerecht werden soll. Ich verstehe, daß vor allem die älteren Einwohner sich fremd und unsicher fühlen, wenn sie am Kinderspielplatz sitzen und nur noch türkische Laute hören oder wenn sie durch eine ihrer Straßen gehen und überall sind nur noch Schilder in türkischer Sprache.
Womöglich noch rascher zerstört wird St. Pauli durch die zunehmende Perfektion, Verapparatung, Technisierung im Vergnügungsgeschäft. Da drängt sich eine technische Kulisse vor, sie verdrängt die Vielfältigkeit und schiebt sich zwischen die Menschen, so daß immer weniger Bewohner von St. Pauli persönlich mit den Touristen, den Kunden, den Gästen zu tun haben.

Ich finde, am deutlichsten wird das an den Peep-Shows. Da wird eine Mark in einen Schlitz geworfen. Da geht die Tür hinter dir zu, und vorn geht automatisch die Klappe auf, du starrst da durch, siehst etwas. Sind das eigentlich noch Menschen? Die Menschen, die sich da nackt vor dir produzieren, sind in die Apparate perfekt eingebaut, und Apparate machen nun einmal keine Lust. Aus der riesigen Lustbarkeit von einst – sechstausend Menschen in einem Tanzsaal – ist der vereinzelte Mann hinter dem Durchblick geworden, der auf Apparatemenschen starrt.

Wenn ich zu Hause von St. Pauli erzähle und schildere, daß hier nicht nur ein Vergnügungslokal neben dem anderen liegt, sondern daß hier Menschen leben, wohnen, arbeiten, Feierabend machen – dann werde ich oft gefragt, wie das denn die Kinder überstehen.

Da hat mich nun etwas, das ich heute abend erlebte, beeindruckt und nachdenklich gemacht. Vielleicht entsinnst Du Dich: Wir sind an einem Haus vorbeigegangen, wo Prostituierte im Fenster saßen und sehr freizügig um Kunden warben. Direkt vor dem Haus spielten Kinder. Sie spielten ganz unbefangen.

Sie machten einen sehr lebhaften, wachen, intelligenten Eindruck. Sie wußten bestimmt, was in dem Haus vor sich geht. Aber sie sahen nicht so aus, als wären sie durch diese Kenntnisse verdorben worden. Als ich mit Dir darüber sprach, sagtest Du, die Kinder lernten hier von früh an die Wirklichkeit der Menschen kennen, und das mache sie »schmutzresistent«. Ich stimme Dir zu: St. Pauli und der kommerzialisierte Sex verderben keineswegs die Kinder, die hier wohnen. Das ist für sie Alltag. Sie wissen, was gespielt wird. Verderblich wirkt eher die Unwissenheit. Sie zwingt Kinder, auf eigene Faust herauszukriegen, was los ist, und die Phantasie nimmt ihnen alle Unbefangenheit.

Die Gewöhnung an eine keimfreie Umgebung ist gefährlich, weil die körpereigene Abwehr immer mehr geschwächt wird. Diese Erfahrung können wir auf die sexuelle Sphäre übertragen. Ich könnte mir denken, daß die Kinder eine so entkrampfte und unverklemmte Beziehung zur Sexualität entwickeln, daß sie später St. Pauli als ein käufliches Sexparadies nie so nötig haben werden wie die vielen wohlbehütet aufgewachsenen Touristen, die Tag für Tag hierherkommen.

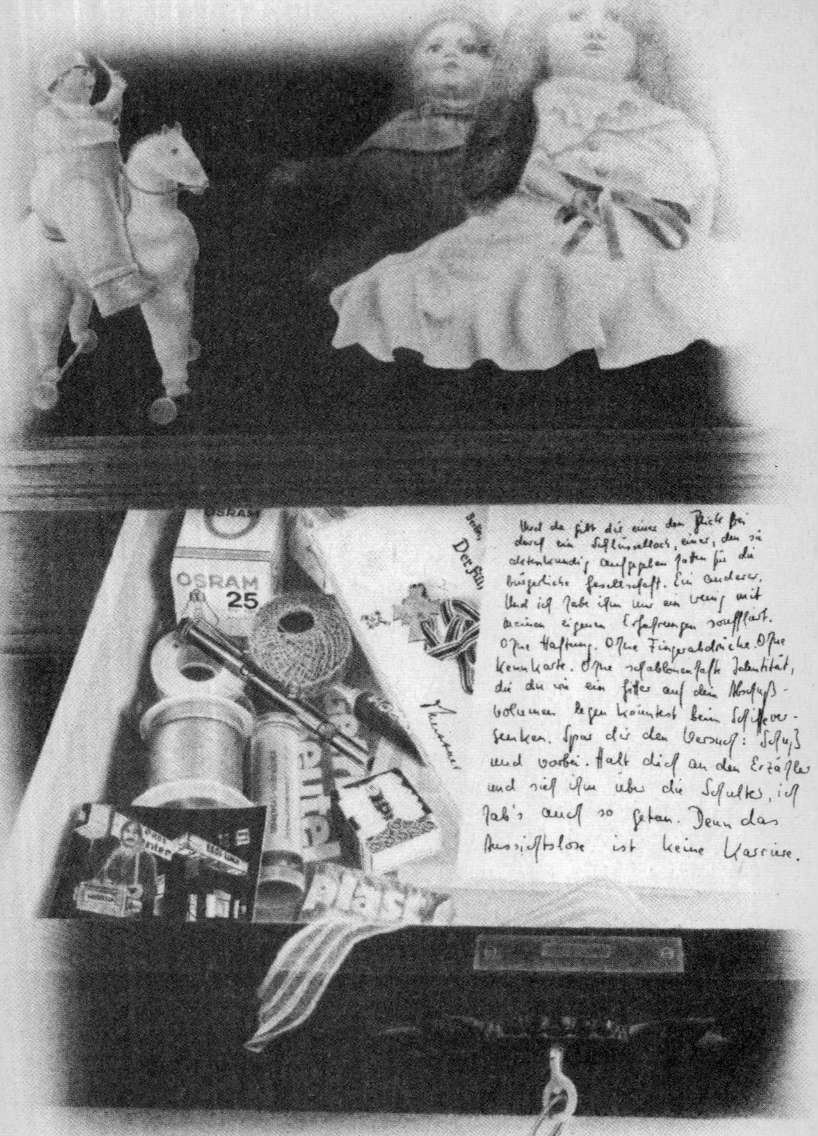
OSRAM
OSRAM 25
Und da gibt dir einer den Blick frei durch ein Schlüsselloch, einer, den sie aktenkundig aufgegeben hatten für die bürgerliche Gesellschaft. Ein anderer. Und ich habe ihm nur ein wenig mit meinen eigenen Erfahrungen souffliert. Ohne Haftung. Ohne Fingerabdrücke. Ohne Kennkarte. Ohne schablonenhafte Identität, die du wie ein Gitter auf dein Abschuß-volumen legen könntest beim Schiffever-senken. Spar dir den Versuch: Schuß und vorbei. Halt dich an den Erzähler und sieh ihm über die Schulter, ich hab's auch so getan. Denn das Aussichtslose ist keine Karriere.

Umzug

Es war die Zeit der Niedergänge, abgehalftert und depressiv. Mein Interesse für Scherben, Morbides, Zerrissenes; für die Nebelzyklen des November entlang der Großen Elbstraße. Augenringe und Tränensäcke, der fade Geschmack von Enttäuschung und Versagen. Die nichtbezahlte Telefonrechnung, die rückständige Miete, das abgestellte Gas und in meiner Schreibe ein großer Hänger. Ebbe.
Dich gab es nicht mehr. Die Blütenblätter verdorrten, und das Blumenwasser veralgte in der bauchigen Vase. Staub. Die Kattunvorhänge blieben geschlossen. Alte Briefe, das ungemachte Bett mit den Kaffeeflecken von dir. Und der Friedhof um die Ecke, wie ein Magnet. Auf und ab über die stillen Waldwege, entlang der überwucherten Gittergevierte. Alleingelassen und verabschiedet, verwirrt, kläglich, den Tränen nahe. Verdammt. Unsere Musik, unsere Worte, unsere Gespräche, unser Lachen. Gemeinsamkeiten, Verstimmung und Versöhnung.
Die Puppensammlung war übriggeblieben, kleine runde, haarlose Schädel aus Zelluloid. Angehäuft durch Zufälle, zueinandergestoßen über Jahre. Unsere. Meine. Deine nicht mehr. Du hattest keinen Platz mehr neben dir, über dem erloschenen Kopf und unter den ausgekühlten Füßen. Die Puppen waren mir geblieben, ihr makelloser Kunstfleischton, ohne Stimme, ohne Lächeln, der reglose Blick aus eingefärbten Glasaugen. Ohne Erkennen, ohne Erinnerung, ohne eine Spur von Wärme. Und so beschloß ich, sie zu zerschlagen, sie zu vernichten, sie dir nachzusenden bis ans Ende deiner Welt.
Einsamkeit hat ihre Bücher. Endlich habe ich Zeit zum

Lesen. Altes wieder neu zu entdecken, wie Genets *Querelle*.

Eine Illusion, eine in Wörter gepreßte Wunschvorstellung, ohne die Ernüchterung der einschlägigen Saunen, der Trampelpfade durch die staatlichen Grünanlagen, dem Wasserabschlagen bei der Eumelschau in den öffentlichen Bedürfnisanstalten. In deinen eigenen Wänden, unter der wärmenden Hülle deiner Bettdecke. Das geht niemanden etwas an, der Hartgummidildo oder die Panoramaseite mit den Roger Brothers. Allein deine Sache, deine eigene Peep-Show, ohne Gedankenzensur. Mit gepumpter Zärtlichkeit, uneingestanden. Die Orakel bleiben schwerhörig für dich, und irgendwann ist auch das Kleingeld alle für die ewige Musicbox, für den Flipper oder den Glücksspielautomaten.

Hilft alles nichts: runterschrauben, die Luft ablassen und den Bauch einziehen. Den Rollkragen schmuseweich um die Halsfalten und für den allmählichen Hängearsch einen noch besseren Hosenschnitt oder die längere Jacke. Alltag, mein Lieber. Aber nun zünde rasch noch eine Bienenwachskerze an, das gibt mehr Behaglichkeit. Dein Fettfinger vom Christstollen markiert die Seite 104, Erinnerung an deine Feiertagslektüre: »... ruhig drang er ein bis zur Wurzel ... die Wärme überraschte ihn. Mit großer Behutsamkeit drang er noch tiefer ein ... schweigend mit halbgeöffnetem Mund ... mit der Leidenschaft eines Tierweibchens, das den Kadaver seines Jungen festhält ... seine Zähne öffneten sich und ließen langsam den moosigen Nacken los, in den sie sich im Augenblick des Orgasmus verbissen hatten ...«

Bekannte gaben mir die Adresse, zentral und preiswert, ein kleiner Raum unterm Dach mit stockfleckiger Tapete um die Jahrhundertwende mit Blümchenmuster, ein Fremdenzimmer ohne Dusche: Hans-Albers-Platz. Knarrende Stiegen, gebohnerter Flur und ein kleines

Claus
Tiedemann
GROSSHANDEL
LIKÖRFABRIK

Fenster hinaus in den Hof. Klo und Telefon in der Diele mit dem metallenen Stehascher. Eine fremde Umgebung, andere Menschen, im Januar der feste Job. Drei Wochen später eine neue Bleibe, drei Häuser weiter. Nr. 13.

Meine Kenntnisse über St. Pauli hatte ich mir angelesen, vieles im Vorübergehn aufgeschnappt: Weltstadt Hamburg und den Nieselregen abgetan mit einer Handbewegung. Zugegeben, ich war leicht irritiert über den eigenen Mut. Einmal große Welt vom Sperrsitz, mit der »Sünde« auf Tuchfühlung, voller Erwartung, neugierig und angespannt, die Landpomeranze aus einem Kaff in der Schwäbischen Alb. Großstadt, Vergnügungsviertel mit internationalem Flair: Was würde es für einen Geruch haben? Nach den ersten hundertfünfzig Metern roch es immer noch nach Benzin und Auspuffgasen und den eigentümlichen, süßlichen Brauschwaden aus der nahen, dreihundert Jahre alten Sudstätte mit dem Elbblick. Später erfuhr ich, daß bereits Barbarossa der Stadt im 12. Jahrhundert das Braurecht gab, verbrieft im Museum für Hamburgische Geschichte am Holstenwall, daß im 18. Jahrhundert auf fünfzehn Hamburger eine Brauerei kam und es ein herzhaftes Geschlucke gewesen sein muß. Marketing und Marktanteile, in den Jägerstuben Ecke Detlev-Bremer-Straße fege ich mir erstmal ein Bauernfrühstück und ein Alsterwasser, halb Bier, halb Brause, in die Kiemen.

In den ersten Tagen des Eingewöhnens: verschnupft und depressiv. Mir sind Notizbücher geblieben, mit Filzstift engbeschrieben, schwarz und rot, fast unleserlich verschmiert: »Oft stehe ich am Elbufer und starre auf das schmutzigtrübe Wasser, bei aufkommendem Wind zersprühen kleine Wellen zu Millionen kleiner Tropfen an der ausgespülten Kaimauer nahe der stillgelegten Fischhalle mit den zerscherbten Glasscheiben und den verrosteten Fenstergitterfronten. Wo du in den

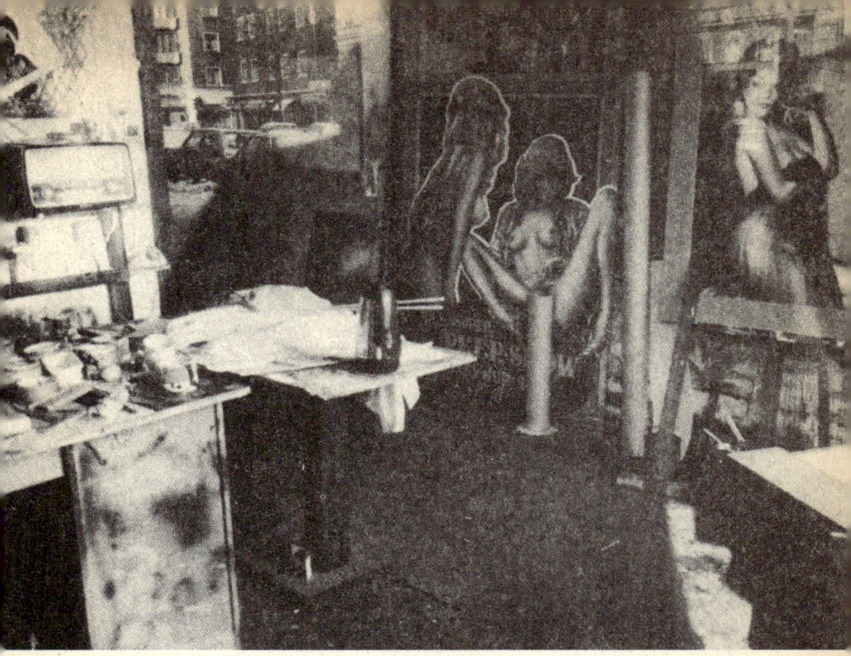

Souvenir discount
SEX-KINO
TONCINEMA
ERNATIONAL
MAGAZINE·SEXARTIKEL·TONFILM
DEOKASSETTEN
SEX
KINO
GROSSLEINWAND

Sommermonaten Hunderte von verbrauchten Überziehern vom nächtlichen Autostrich zählen kannst. Glucksend schlägt das Wasser nach dir, dumpfgrau und ohne den schillernden Ölfilm vom letzten Herbst, Kälte in sich, mit jeder Woge. Die Luft dampft über den dahintreibenden Eisschollen, vorbei am Dock 5 von Blohm + Voss und der ›Scandinavian Sea‹ aus Nassau, die grade einen neuen Antirostanstrich erhält. Hinter den Pontons, wo du am Sonntag in der Früh die Fischkutter findest mit ihrem fangfrischen Fisch aus der Nordsee, liegt die ›Loyd Everest‹ auf Helge, neben dem Schaufelbagger ›Triton‹, der mit metallenem Gekreisch den Grundschlick auf die vertäuten Schuten verlädt. In meinem Rücken die grauen, von der rauhen Seeluft angenagten Häuserfassaden, Pinnasberg und Große Elbstraße. Sperrmüll, Unrat und brüchiges Gemäuer. ›Betreten verboten. Einsturzgefahr. Eltern haften für ihre Kinder.‹ Gestank aus Fischmehl, alten Sielen und abgewohntem Lebensraum. Rechts, die Elbe hinunter, versteckt sich eine andere Welt hinter klangvollen Namen, Hotels, Restaurants, und besseren Wohnvierteln: Övelgönne, Othmarschen, Blankenese.«
Pufferzone St. Pauli, ein paar Jahrhunderte Geschichte des Überlebens in einer vielsprachigen Notgemeinschaft, Zirkusweg, Spielbudenplatz. Befriedige unser Unterhaltungsbedürfnis, erzähl uns deine Geschichte, amüsiere uns, mach deinen Clown, reiß deine exotischen Possen, wir bezahlen dich dafür. Trubel. Licht. Ein schillernder Regenbogen. »Nachts quietschen die Ratten in den Leitungsröhren der Toiletten, gemieden von den streunenden Katzen, tückisch, wohlgenährt und ohne Zärtlichkeit. Später am Abend einen heißen Kaffee für mich und die Nichtseßhaften im hohen Ziegelgebäude der Heilsarmee in der Talstraße gegenüber dem Sexkino: heiß, dünn und ohne Milch. Kurz darauf an einer Hauswand, in einer Nische neben dem

verwüsteten Blumenautomaten mit den eingeschlagenen Scheiben, ein dünnes Rinnsal Urin quer übers Trottoir.«
Noch ein St. Pauli. Der Polyglott-Stadtplan bringt einen ohne Schwierigkeiten zum alten Fischmarkt, unweit der Bernhard-Nocht-Straße. Drei Minuten zu Fuß am Sonntagmorgen. Die kleine Laufblase an der Ferse ist kaum noch zu spüren. Hier ist einmal in der Woche Markt: Obst, Fleisch, Gemüse, Käse, Blumen, Pflanzen, lebendes Geflügel; Fisch: Karpfen, Hering, Schollen, Dorsch, Büsumer Krabben. Eine Mischung verschiedenster Gerüche und Farben zum Verlieben. Flußkrebse japsen mühevoll nach Luft. Aale suchen unter den überdachten Verkaufstischen vergeblich zu entkommen. Zurufe wie im Wechselgesang mit der Lust an der deftigen Zote. Muscheln, Landbrot, frische Butter aus der Lüneburger Heide. In den vielen Kneipen Kaffee-Cognac oder zu Akkordeonmusik ein warmer Eiergrog. Kann man sich eingewöhnen in diese ausgelatschte, verwohnte Umgebung?

Die ältesten Nachrichten über die Gegend von St. Pauli stammen aus dem 13. Jahrhundert. Damals lag hier ein Hof »Herwardeshude« mit einer Wassermühle, die von einem Bach betrieben wurde. Die Sachsen hatten das Anlegen von Wassermühlen im 12. Jahrhundert von den eingewanderten Friesen und Holländern erlernt. Zu dieser Zeit entstanden die Unter- und Obermühle und die Mühle in Teufelsbrück. Über die Anlage der Mühle von Herwardeshude gibt es keine Unterlagen. Auch der Name liefert uns keinen Hinweis, da »Herward« bei den Sachsen sehr verbreitet war. 1225 lebte in Hamburg ein Ratsherr dieses Namens; es ist möglich, daß er oder sein Vater die Gründer dieses Hofes gewesen sind. Später finden wir Herwardeshude im Besitz der Schaumburger Grafen: Adolf IV. schenkt es seiner

Frau als Wittum. Diese Gräfin Heilwig gründete hier ein Zisterzienserkloster, das 1247 vom Papst bestätigt wurde. Erst 1258 werden der Vogt von Hamburg, Ritter Georg und seine Frau als Stifter des Klosters genannt. Hiermit verliert sich diese Gegend für mehrere Jahrhunderte aus der Geschichte. Erst Anfang des 16. Jahrhunderts finden wir die Grafen von Schauenburg als Besitzer des Landes »jenseits des Baches«. Als sicher darf gelten, daß der gesamte Hamburger Berg mit Vertrag aus dem Jahr 1258 in die Hamburger Weichbildgrenze eingeschlossen wurde. Das Abtragen des Hamburger Berges wird damit erklärt, daß man in Hamburg bis zum 13. Jahrhundert nur Häuser aus Holz kannte und erst dann selbstgebrannte Mauersteine verwendete. Bis ins frühe 17. Jahrhundert sind Ziegeleien nachgewiesen.

Im Jahr 1265 erfahren wir urkundlich zum erstenmal von den »Reepschlägern«, den Taumachern. Die Taue wurden aus 250 Meter langen Hanffäden »zusammengeschlagen«. In den Trockenhäusern, der »Dröge«, wurden die Taue von Wasser und Öl befreit, in heißen Teer getaucht und nochmal getrocknet. Eine wichtige Verkehrsstraße führte durch dieses Gelände über die Stadtgrenze nach Ottensen und durch die Walddörfer bis nach Blankenese, wo sich die Fähre nach Bremen und ins Alte Land befand. Der Weg ging über eine Geesthöhe, die zu großen Teilen stark bewaldet war, »Eichholz« oder »dat Eekholt« genannt, das bis runter zu den heutigen Landungsbrükken führte und auf der anderen Seite bis in die heutige Kieler Straße. In diesem oberen Teil arbeiteten die Reepschläger.

Das Gelände wurde auf Veranlassung des Rates der Stadt immer wieder aufgeforstet, schon aus dem Jahr 1442 findet sich eine Rechnung über zwölf Taler für das Anpflanzen neuer Eichen. Da man dort im Dreißigjährigen Krieg aufwendige Befestigungsanlagen errichtete, zogen die Reeper im Jahr 1625 vors Millerntor. Man hatte

ihnen amtlicherseits das Gelände am Hamburger Berg, nahe der heutigen Reeperbahn, zugewiesen.
Wer heute die Reeperbahn betritt mit ihrer Vergnügungsindustrie, mit den Resten ihres einstigen Glanzes, mit ihren Legenden und Klischees, kann sich nur schwer vorstellen, daß diese Leuchtspur aus Lebenslust und Bürgerlichkeit einmal das genaue Gegenteil gewesen ist: eine Straße des Ernstes, der Krankheit und des Todes. An ihrem Anfang, beim Millerntor, lag der »Pesthof«, das alte Krankenhaus Hamburgs für ansteckende Krankheiten. Am Ende der Reeperbahn, am Nobistor, lag sinnigerweise der »Nobiskrug« oder »Höllenkrug«. Hier hörte das Stadtgebiet auf. Hier begann das Ausland, das Elend, die Fremde. Hier gab es den Abschiedstrunk für die Toten, ehe diese »entlang des alten Grenzbachs nach Övelgönne hinabwanderten, um dort über den Strom ins Totenreich überzusetzen«. Alles zu einer Zeit, als es noch nicht einmal die benachbarte Stadt Altona, »die Mottenburg«, gab.

Zutritt verboten, Einsturzgefahr

»In diesem Haus, in der ersten Etage, Kleiner Pinnasberg, bin ich geboren. Unser Haus soll abgerissen werden, im Rahmen der Stadtteilsanierung, hat man uns gesagt. Diese Dösköppe von Schreibtischplanern gegen unsere schönen alten schmiedeeisernen Balkons, gegen unsere Böden und Keller, in denen ganze Generationen von Kindern spielten. Jeden Winkel kannten wir, jedes Versteck für unsere Räuber-und-Gendarm-Spiele, für unsere heimlichen Verliebtheiten. So was wächst in einen hinein, das kannste auch nicht so abschütteln wie ’n nasser Pudel und fertig. Und manchmal kommen die

alten Bilder zurück aus meiner Kindheit, wie in 'ner Laterna magica, wo man dann 'ne Kerze reinstellen mußte und dann die Bildstreifen aus Glas durchschieben. Hatte ich noch von meinen Großeltern, genau wie die alte Dampfmaschine, will heute auch keiner mehr.«
Zufällig war ich auf ihn gestoßen, ein eisgrauer Kopf, schlurfender Gang, hoch in den Sechzigern, schätzte ich. Altersschrunden im Gesicht, der ausgebeulte alte Anzug, die Finger dunkel gegerbt vom Nikotin, »am liebsten habe ich eigentlich die ›Golddollar‹ geraucht«. Seine flinken Augen fielen mir zuerst auf, mit dem Laufen ging's nicht mehr so gut, da schien er sichtlich Mühe zu haben. Er kam aus einem der mittleren Häuser am Kleinen Pinnasberg, »zum Luftschnappen«, wie er es nannte. Freundlich war sein Gegengruß, so kamen wir ins Gespräch. Von seiner Kindheit, von dem Fischmann und dessen Hund und daß es noch Gas gäbe in den alten Häusern, Namen tauchten auf wie aus einem vergilbten Album, Hans Albers, die Zitronenjette, Hein Köllisch, der St.-Pauli-Sänger. »Als der 1901 starb, war der Anfang des Trauerzugs bereits auf dem Ohlsdorfer Friedhof, während der Rest sich noch auf St. Pauli aufhielt, meine Eltern und deren Eltern waren auch mit dabei, die haben's mir erzählt. Mit seinem Zylinder haben sie ihn begraben, war mit seinen Couplets richtig beliebt hier in der Gegend. Weiß heute auch keiner mehr, was das ist. Ihr Geld haben die mit Buddelwichse gemacht, wo die immer Ofenruß reingerührt haben. Hab ich aber auch nur gehört von meiner Großmutter.«
Wir gingen ein Stück miteinander, an der Eckkneipe am Großen Pinnasberg lud er mich auf ein Bier ein. Hatte Taumacher gelernt, früh geheiratet. Die Kinder waren alle aus dem Haus. Witwer, seit mehr als zehn Jahren. »Manchmal fällt dir halt die Decke auf'n Kopp, und da brauch ich Luft, ich bin nich für'n Dackel oder 'n

Wellensittich oder so'n Tüddelüt. Mir langt 'ne frische Prise Luft, mit Meer drin und Fisch und dem Tuten von den Schleppern.« Hin und wieder erreichte ihn eine bunte Postkarte aus Übersee von seinen beiden Söhnen, Seeleute beide auf großer Fahrt, beide verheiratet. Manchmal auch etwas Geld in einem Luftpostbrief. »Damit ich ins Kino gehen soll. Aber was soll ich da, wo ich doch nich mehr so gut kieken kann. Ich heb das auf und spar das, hab da 'ne alte Teedose, die ist gut dafür, da paßt viel rein«, er lacht, »vielleicht wird ja mal 'ne Reise draus.«

Er hatte Angst davor, seine alte Wohnung verlassen, vielleicht in ein Heim zu müssen. »Die woll'n das alles hier abreißen, die Kündigung haben wir schon. Aber wie die sich das denken! Wo soll denn so ein alter Kerl wie ich noch hin? Was kriegen wir denn dafür wieder? In so'n Neubauschiet, da will ich nich rein. Da kenn ich doch kein mehr!«

Ich weiß nicht, was aus ihm geworden ist. Als ich Wochen später wieder vorbeikam, war das Haus bereits leer, die Tür vernagelt, waren die Fensterscheiben zertrümmert und überall Schilder: »Zutritt verboten, Einsturzgefahr«. Wenige Tage darauf erledigte ein Abbruchunternehmen den Rest, machte alles dem Erdboden gleich, Lastwagen transportierten den Schutt ab. Ein Staketenzaun drumherum und ein paar Hände voll Grassamen, der nicht keimen will, dafür ein Durchblick auf den Parkplatz vor dem Fischmarkt, zugig und ungemütlich.

»Vor fünfundzwanzig Jahren war St. Pauli mein Bezirk. Ich kannte ihn wie meine Westentasche. Von Haus aus bin ich Vermessungstechniker. Und es gibt hier einige Grundbesitzer, die jede Menge Reibach gemacht haben, ohne etwas für die Bausubstanz der alten Gebäude getan zu haben. Sieh dir doch diese in Rekordzeit hochgezogenen Neubauviertel an, die wirken doch seelenlos. Die alten Häuser dagegen, wenn man die wieder in Schuß brächte, die verbreiten doch 'ne ganz andere Atmosphäre. Die Entwicklung dieser Neubaugebiete hängt damit zusammen, daß man das damals sehr eng bebaute Stadtgebiet auflockern mußte. Aber es wird ja heute in den Ämtern nur noch kurzfristig gedacht. Besonders was die finanzielle Belastung angeht. Und dadurch kommt es, daß uns ganze Wohnkomplexe auf der grünen Wiese erstellt werden. Inzwischen haben ja wohl einige Leute gemerkt, daß das auch seine Risiken hat. Mit dem Abriß ganzer Häuserzeilen vernichten wir nämlich nicht nur noch verwendbaren Wohnraum, verwurzeltes Lebensgefühl, sondern auch ein Stück Geschichte, für die wir keinen Gegenwert anzubieten haben. Ich weiß nicht, wer das den nachfolgenden Generationen erklären soll und kann, ohne daß sie ihn steinigen werden. Daß wir immer neuen Baugrund erzwingen, indem wir die dortigen Bewohner formaljuristisch verjagen, immer neuen stadtteilgewachsenen Lebensraum niederreißen, ohne dafür echten Bedarf zu haben. Denn auf noch nicht absehbare Zeit wird kein Geld zur Verfügung sein, um diese Lücken in unserem Stadtgebiet wieder zu schließen.«

Sperrgebiet

Ich wollte diesen vielen Geschichten, die um mich herum zu wispern schienen, einfach nur zuhören, eindringen in die Gesichtslandschaften, die sich auf Spaziergängen vor mir auftaten. Kurz entschlossen veröffentlichte ich eine Anzeige im *Oxmox*: »Neu-St.-Paulianer sucht Einstieg in sein Viertel. Möchte seine

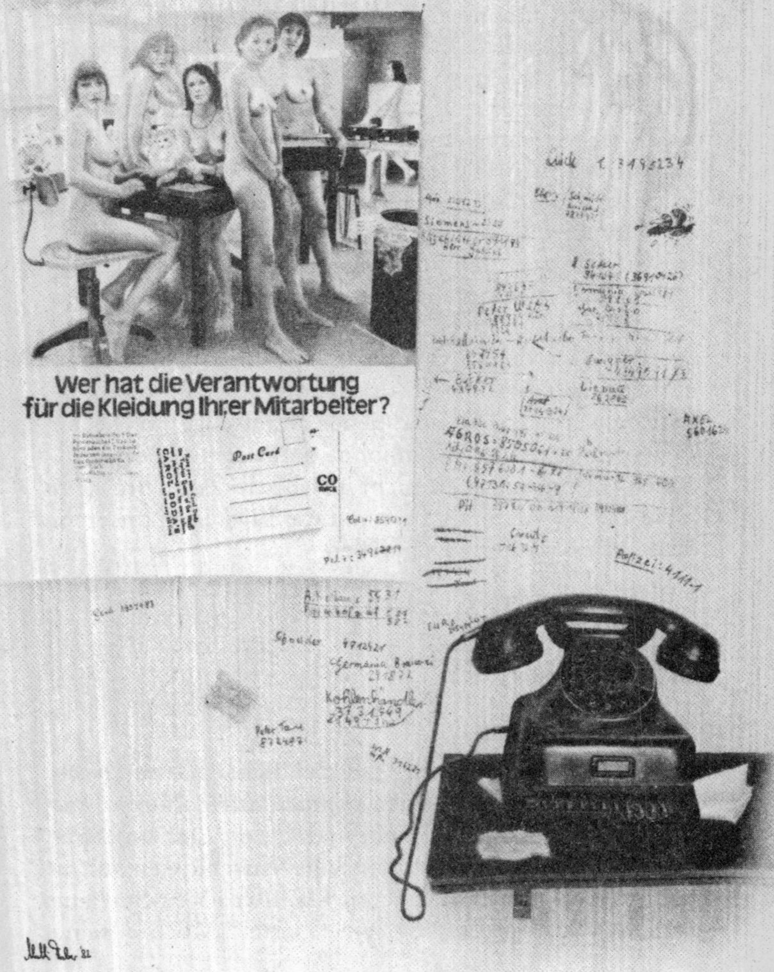
Wer hat die Verantwortung
für die Kleidung Ihrer Mitarbeiter?
Post Card
Polizei: 4111-1

Umgebung noch besser kennenlernen, an der Vergangenheit schnuppern. Unter Chiffre ...«

Wahrscheinlich hatte man nicht verstanden, was ich eigentlich wollte, oder ich hatte meine Anzeige ungeschickt formuliert. In der ersten Woche kam gar nichts, dann kamen ganze drei Postkarten und ein Brief. »Nimm Dir doch 'ne Nutte älterer Bauart, wenn Du an der Vergangenheit schnuppern willst, Bruder« stand auf der ersten Karte. Kein Absender. Wollte mich wahrscheinlich auf die Schippe nehmen. »Auf Deinen Sozialvoyeurismus kannste einen lassen!« Absenderlosigkeit schien Mode zu sein. »Wennde genügend Knete raustust, hab ich da 'ne Omma in Reserve. Antworte mir mit Rückantwort und Preisvorschlag, hauptpostlagernd, Kennwort: Larry.« Das war's bis auf den Brief von einem gewissen Dr. Felix Rexhausen »Höchstachtungsvollst«, Datum 1. April.

»Sehr geehrter Herr St.-Pauli-Schreiber! Da Sie, vielleicht die gewiß auch für Ihr Tun wichtige Tatsache nicht kennen, daß zur kindgemäßen Heranführung der jüngeren Jugend an das Phänomen ›St. Pauli‹ eine spezielle Schulfibel für die zweite Grundschulklasse sich in der Planung und Vorbereitung befindet, erlaube ich mir, Ihnen aus den Papieren des Fibelautorenkollektivs einen bereits fertigen und, wie mir scheint, besonders geglückten Abschnitt des Werkes ›St. Pauli für unsere Kleinen‹ zur Kenntnis zu geben.« Unterschrift und Anlage.

»Ein Lesebüchlein für Jungen und Mädchen im 2. Schuljahr!

In dem Stadtteil St. Pauli trifft man sehr oft Dirnen. Lisa ist eine Dirne. Sie zieht sich aus und läßt Männer an ihre Haut gehen. Dafür müssen die Männer Lisa bezahlen. Viele Haut von Lisa kostet viel Geld. Viele Minuten mit ihrer Haut auch. Viele Minuten sind mehr als elf. Es ist wie beim Kaufmann: Alles hat seinen Preis.

Lisas Freundin heißt Silke. Silke ist auch eine Dirne. Lisas Freund heißt Hermann. Beinah das ganze Geld, das Lisa verdient, muß sie Hermann geben. Dafür hält er zu ihr, er ist ihr Zuhälter. Silke hat auch einen Zuhälter, der heißt Horst.

In St. Pauli gibt es viele Dirnen wie Lisa und Silke, besonders in der Straße Reeperbahn. Sehr viele Männer, die Geld bei sich haben und einer Frau an die Haut wollen, besuchen darum St. Pauli. Die meisten Dirnen haben einen Zuhälter. Der wartet immer, bis sie neues Geld bringt, und gibt es dann aus.

In St. Pauli gibt es auch Häuser mit vielen Zimmern, wo viele Dirnen ihre Geschäfte haben. Wenn gerade kein Kunde bei ihnen ist, zeigen sie sich am Fenster oder im Hof. Das ist ihre Werbung. Lisa weiß aus der Zeitung: Ohne Werbung kann man nichts verkaufen.

Ulrich ist achtzehn. Er kommt aus Diepholz. Ulrich besucht seine Omi in Hamburg.

Am Abend besichtigt er ganz allein St. Pauli. Auf der Reeperbahn sagt ein Mann zu ihm: ›Kommen Sie doch in unsere Gastwirtschaft hier, da sind viele nackte Mädchen und tanzen!‹ Ulrich geht hinein und bestellt sich einen Schnaps.

Neben Ulrich setzt sich eine junge Dame. Sie ist angezogen und sehr nett zu Ulrich. Sie möchte Sekt trinken. Das möchte Ulrich auch.

Nach dem Sekt will Ulrich zu seiner Omi fahren, aber erst muß er bezahlen.

O weh! Der Ober sagt: ›Dreihundert Mark bitte! Das steht auch hier auf der Karte! Sie hätten lesen müssen!‹ Ulrich weint und muß seinen Vater in Diepholz anrufen. Der Ober spricht auch mit dem Vater. Die ganze Freude an Hamburg ist Ulrich verdorben.

In St. Pauli sind sehr viele Gaststätten, wo man sehen kann, wie Mädchen ganz nackt aussehen und kurz vorher. Manchmal wird auch gezeigt, wie zwei solcher

Mädchen sich gegenseitig an die Haut gehen. Dafür sind diese Mädchen in der Gaststätte angestellt.
Die Gäste müssen ihre Getränke sehr teuer bezahlen und geben viel Geld aus. Das freut den Gastwirt. Er weiß schon: Seine Gäste tun das gern, denn dafür sehen sie Sachen, die sie in ihrer Wohnung oder in der U-Bahn nicht sehen.
Am Abend sind immer sehr viele Menschen in St. Pauli, vor allem Männer. Die meisten von ihnen machen gerade Urlaub oder eine Geschäftsreise. Sie möchten in St. Pauli Erlebnisse haben, die sie schön finden.
Die Menschen, die in St. Pauli arbeiten, wollen nur, daß die Leute ihr ganzes Geld ausgeben. Darum wird auch sehr wenig gelacht in St. Pauli.
Eine sehr große Gastwirtschaft ist an der Reeperbahn, wo niemand sich auszieht. ›Das ist doof hier!‹ sagt Klaus. Klaus ist ein junger Arbeiter aus Mölln. Sein Bruder heißt Werner und ist viel älter. Werner sagt: ›Aber Klaus! Hier ist doch alles so, als wenn wir in Bayern wären!‹
›Ach so!‹ sagt Klaus.
Jetzt begreift er auch, warum alle Leute singen, wenn die Kapelle das will. Die Kapelle ist ganz genauso wie aus dem Wald, und darum müssen sich alle Gäste ein Jägerhütchen aus Pappe kaufen.
Dann geht Klaus weg. Er kommt an vielen Gastwirtschaften vorbei, und vor beinah jeder steht ein Mann, der zu ihm sagt: ›Hier herein!‹ Einer duzt ihn sogar und sagt: ›Bei uns siehst du richtigen nackten Dreckskram!‹
Ein Herr mit einem blauen Auge fragt den Mann: ›Was habt ihr denn hier für scharfe Tiere?‹ Klaus ist verwundert: ›Wieso Tiere?‹ fragt er. Da fühlt der Herr mit dem blauen Auge sich wohl geneckt und will ihn schlagen. Klaus geht schnell weiter.
Nachher sagt er zu Werner: ›Ich glaube, als Besucher von St. Pauli muß man die Dirnen und andern Mädchen

hier Tiere nennen!‹ Werner antwortet: ›Egal! Komm mit: Jetzt wollen wir mal richtig Geld loswerden!‹
Jürgen ist vierzehn geworden. Da sagt sein Onkel Herbert: ›Heute abend will ich dir das Leben von St. Pauli zeigen!‹ Jürgen freut sich.
Aber als sie nach Hause kommen, sagt Jürgen, daß er St. Pauli nicht lustig findet.
Da schüttelt sein Onkel Herbert den Kopf: ›Ich weiß nicht, was du willst – St. Pauli ist ein Vergnügungsviertel!‹«

Metropole des Vergnügens 1891

»Was weiß der Fremdling von dem raschen Emporblühen der Metropole des Vergnügens? Das alte St. Pauli, der sogenannte Hamburger Berg, der mit seinen Gäßchen und Passagen dunkel und öde war, ist in eine Märchenwelt verwandelt. Die niedrigen Bretterbuden des Spielbudenplatzes, wo das Meerweib aus Java und eine Menagerie, bestehend aus mehr denn zwanzig lebenden wilden Tieren, als Weltwunder angestaunt wurden, sind verschwunden, und an ihrer Stelle geräumige Konzert- und Bierhallen entstanden, die sowohl an äußerer Eleganz als auch an komfortabler innerer Einrichtung nichts zu wünschen übrig lassen. Nur das Aktien-Theater, das den Grafen Hahn-Hahn aus reiner Liebhaberei für die Volkskomödie ein fürstliches Vermögen kostete, ist geblieben und übt noch heute unter dem Namen ›Varieté-Theater‹ eine große Zugkraft auf die Arbeiterbevölkerung aus.

Auch das kleinste Volkstheater St. Paulis, worin der unverwüstliche Polcinell oder Kaspar, wie ihn der Volksmund nennt, seine nie veraltenden Späße zum Gaudium der Jugend zum besten gibt, hat alle Zeiten überdauert.

Die von den Behörden konsequent durchgesetzte Zentralisierung des Vergnügens in St. Pauli ist eine große Idee, die nunmehr, da die anfangs angezweifelten Erfolge klar zutage treten, allgemein Anerkennung findet. Nur so konnte der Vorstadt, die früher eine Durchgangsstation zwischen Hamburg und Altona bildete, das Gepräge der Großartigkeit verliehen werden. Und nur so konnte sie zu einem beliebten, täglich von Tausenden frequentierten Sammelplatz Erholung und Zerstreuung Suchender aus allen Volksschichten emporblühen. Die Grundstücke an der Reeperbahn, die in

SCHU

V. J. BUDAPEST

früheren Jahren von untergeordnetem Wert waren, sind wahre Kapitalstöcke geworden, seitdem ein riesiger Verkehr diese Straße durchflutet. Beispielsweise sei erwähnt, daß jene kleinen Häuser an der Reeperbahn, worin früher allerhand Bedarfsartikel für Seeleute und Hafenarbeiter feilgehalten wurden, ursprünglich 16 000 bis 25 000 Mark gekostet haben und gegenwärtig mit 80 000 bis 100 000 Mark von den Brauereien zur Anlage von Bierhallen bezahlt werden. Auch am Spielbudenplatz hat sich, obwohl hier Grund und Boden Staatseigentum sind, für die Errichtung von großen Gebäuden, die schließlich, nach Ablauf der mit der Finanzdeputation geschlossenen Pachtverträge, dem Staate verfallen, eine lebhafte Spekulation entwickelt, deren Ende noch lange nicht abzusehen ist.
Die Zentralisation des Vergnügens gewährt der Polizei behufs der Kontrolle und Übersichtlichkeit große Vorteile. Eine Dezentralisierung würde hingegen der Behörde große Lasten und Mühen auferlegen. Namentlich würden die Beschwerden der Nachbarn von Vergnügungslokalitäten, wenn sie zerstreut lägen, kein Ende nehmen, während in St. Pauli die Mehrzahl der Bevölkerung direkt oder indirekt an dem pekuniären Nutzen, den der riesige Verkehr erzeugt, durch die vielen Veranstaltungen, die dem Amüsement und der Erholung dienen, mitpartizipiert und deswegen durchaus keine Ursache hat, sich über ihre Nachbarn zu beschweren. Wenn dennoch in einzelnen Fällen einige Querköpfe ihren Nachbarn, die von dem Verkehr heiterer Gäste leben, mit Denunziation den Garaus zu machen bestrebt sind, so ist Mißgunst im Spiele, oder es sind eben alte bezopfte Spießbürger, die von den auf friedlichen Ausgleich hinzielenden biederen Worten ›leben und leben lassen‹ nur dann Kenntnis haben, wenn es sich auf ihr eigenes Geschäft bezieht. Auch die in früheren Jahren als Abruzzen verschriene Reepschlägerbahn ist

Cigarren, Taba

Gastwirthschaft
&
ühstücks Local
Schultz.
Hamburg-Altonaer
Fluſs-Maschinisten
Verein von 1880
iderseits kostenfreie
beitsvermittelung

einem großen Komplex stattlicher Häuser gewichen und dadurch gleichzeitig der Zugang zu den hinter der Reeperbahn gelegenen, von der Hauptstraße entfernteren Straßenzügen vermehrt und erleichtert worden. Von den so entstandenen neuen Straßen hat sich die Seilerstraße zu einem großen Hotel Garni herausgebildet. Fast ohne Ausnahme ist jeder Etageneingang mit zahlreichen Zetteln ›Hier ist ein möbliertes Zimmer zu vermieten‹ versehen. Der reisende Künstler, der nach St. Pauli kommt, um für längere oder kürzere Dauer in einem der Vergnügungsetablissements seine nie gesehenen unübertrefflichen Nummern oder ganz neuen Tricks zum besten zu geben, bedarf heutzutage nicht mehr eines Wohnungsnachweises. Sein Kollege, der vor ihm das Hamburger Publikum zu amüsieren die Gewogenheit hatte, nannte ihm als Ziel der Reise die Seilerstraße. Und das genügt auch vollständig. Die Hausnummer spielt hier keine Rolle mehr, wenn in einer Straße das alte Lied ›Überall bin ich zu Hause‹ sich glänzend bewahrheitet.
Wenn wir die Seilerstraße als Asyl für reisende Künstler bezeichneten, dürfte wohl die Davidstraße für die in St. Pauli sich zahlreich aufhaltenden Matrosen von ähnlicher Bedeutung sein. Hier ist das Reich der Schlafbasen, die, selber sehr aufgeweckt, den von See kommenden und nach einer anderen Heuer sich umschauenden Seeleuten ein gastliches Unterkommen bieten. In früheren Jahren war das Geschäft der Schlafbase ein sehr einträgliches, da sie gleichzeitig für die Bemannung der im Hafen liegenden Schiffe zu sorgen hatte und dafür eine gute Revenue bezog. Seit der Errichtung des Seemannshauses und anderer Institutionen ist das eigentliche Monopol der Schlafbasen hinfällig geworden. Im Vergleich zu der inneren Stadt und St. Georg trägt St. Pauli, die ehemalige Vorstadt, eine ganz eigenartige Physiognomie zur Schau. Der Tag beginnt in den

erstgenannten Stadtteilen viel früher. Schon um sieben Uhr am Morgen öffnen sich viele Läden, und von dieser Zeit an sieht man ganze Scharen von Leuten hurtig ins Geschäft wandern. Wer jedoch um neun oder zehn Uhr die belebtesten Straßen St. Paulis durchwandert, wird die Entdeckung machen, daß an vielen Etagenfenstern noch die Rollos herunter sind. Und wer um diese Zeit in Geschäftsangelegenheiten in St. Pauli verkehrt, wird an vielen Türen mit dem Bescheid abgewiesen werden, daß Herr Soundso erst von elf Uhr an zu sprechen sei. Auch in den zahlreichen Wirtschaftslokalen ist der Morgen beinahe geschäftslos. Hin und wieder lassen sich Lieferanten und solche Personen sehen, die irgend etwas Besonderes vorhaben und sich zu ihrem wichtigen Unternehmen durch den Genuß eines Frühschoppens anspornen. Künstler, die von dem ungalanten Regisseur wegen einer schon um zehn Uhr angesetzten Probe aus dem Schlummer aufgerüttelt wurden, eilen mit ihrer Rolle oder einem Notenheft unter dem Arme, wenig rosig gestimmt ihrem Ziele zu. Dort in der Reeperbahn wandelt wie im Halbschlummer eine Dame langsam dahin; sie ist allabendlich nach Abschluß der Konzertlokalitäten eine von Munterkeit und launigen Einfällen übersprudelnde Beherrscherin des Langen Stammtisches, einer sich erst spät mit Gästen reichlich füllenden Restauration. Ihre tolle Laune steigert sich mit dem Verglimmen der Sterne und dem Herandämmern des jungen Morgens. Nun sind die Züge ihres sonst so niedlichen Gesichtchens fast ausdruckslos, und der in aller Eile ein wenig zu stark aufgetragene Puder verleiht ihr ein beinah seekrankes Aussehen. Das lange seidene Kleid läßt deutliche Spuren der Vernachlässigung erkennen, und eine große weiße Feder auf dem mächtig nach vorn ausgebauten Hut zeugt von der verheerenden Wirkung des Unwetters der letzten Nacht.«

(Johannes Meier in der *Hamburger Sonntagspost*, 1891)

Offener Brief
an die Hamburger Bürgerschaft

»Die hochgeehrten Herren Mitglieder der Hamburger Bürgerschaft werden hierdurch in höflichster Weise aufgefordert und ersucht, dafür Sorge tragen zu wollen, daß die ULRICUSSTRASSE unverzüglich von den reichsgesetzlich verbotenen Bordellbetrieben gesäubert und die uns seit 1881 trotz aller unserer Proteste und Einsprüche durch die Anordnungen der hiesigen Polizeibehörde entstandenen Vermögensverluste und Eigentumsbeschädigungen voll und ganz vom Hamburger Staat ersetzt werden.
Hochachtungsvoll
Die seit 28 Jahren schwer geschädigten achtbaren Grundeigentümer. Hamburg, den 19. Mai 1909.«

Streifzüge

Die Große Freiheit hinunter und dann links in die Paul-Rosen-Straße, ein Türkenlokal, darüber ein Hotel; verwitterte Fassade mit halbblinden Scheiben, Müllsäkke und Unrat an der Straße, vom Regen durchgeweicht. Orientalische Musik und das Gemurmel von Stimmen; Alkohol und Zigarettendunst in der Luft, überhitzt von drei Nachtspeicheröfen. Ein deutscher Frauenname an der Tür.

»Du glaubst, weil ich alt bin, brauche ich keinen Mann mehr?« Die Frage ist an ein Mädchen Anfang Zwanzig gerichtet. Pagenkopf mit strähnigem, fettigem Haar über abgetragenem Second-hand-Chic mittvierziger

Größe. Mindestens vierzig Männeraugen im Rücken; eine wohlig schnurrende Katze mit abgesoffenen Stimmbändern: Verkäuferin bei Karstadt in Altona. Die Freundin bereits über die Fünfzig; wasserstoffblondiert und mit angefressenem Doppelkinn, den Rest der Figur vergebens auf Form geschnürt und angetrunken hängengelassen. Die Wimperntusche strähnig abgeheult und unsicher mit dem Handrücken breitgewischt. Die offene Handtasche mit einer großen Packung Tampons am Fuß des Barhockers. Raki im Glas ohne Wasser, gesalzene Pistazien, die halbe Handvoll für eine Mark.
Die Rede und Gegenrede wie von einem drittklassigen Damenimitator: der Griff an die Brust, unübersehbar der Griff zwischen die Schenkel und die Augenflirts wie emsige, kokette Hummeln. Die schrundige Hand an die Beule im Schritt, unmißverständlich von der Hüfte geglitten und die wulstigen Lippen unter dem Bosporusschnauzer mit der Begehrlichkeit eines überfressenen Karpfens. Minutensache: Durch den Seitenausgang hinaus, die Stufen hinauf in eines der Vierbettzimmer, zehn Mark die Nacht. Diskret und immer nacheinander, die Knoblauchfahne hinter sich; den Kleiderhaufen auf einem dreibeinigen Stuhl, fahl im Licht der schirmlosen Glühbirne. Blätternde, stockfleckige Tapete an den Wänden und modrige Feuchtstellen an der Decke; zugig die Fenster zur Straße.
»Wenn ich den ganzen Tag an der Mauer stehe, dann will ich abends Zärtlichkeit von meinem Typ, da fahr ich richtig drauf ab.« Mona steht jeden Tag gegenüber der Davidswache. Wir kennen uns seit einigen Monaten. Ihre Hasenfelljacke leicht abgewetzt an den Ärmeln, Stiefel, Cordsamthose und Blümchenbluse ohne Knöpfe, Verlobungsring am Finger und eine Rolex-Imitation am Gelenk.
»Im Winter ist die Kohle nicht mehr so riesig.« Sie hat ihre kleine Dauersteige in einer nahen Pension »mit

sauberem Laken, darauf lege ich Wert« und ein paar Stammfreier neben der Laufkundschaft, »die mögen das Knabenhafte an mir«. Der Traum von einem Sparkonto, einer kleinen Wohnung »mit Platz für den Hund und weit weg vom Kiez« und einem Imbiß mit Mittagstisch, »ich kann nämlich richtig gut kochen, haben die mir im Heim beigebracht. Ich meine nicht so tolle Sachen mit Saucen, sondern mehr was Kleines.«
Vorige Woche lief sie mit blauem Auge herum, »von ihm«, vergeblich übergeschminkt. »Ach, der meint das nicht so, war nur'n bißchen voll, und dann flippt er manchmal aus. Soo lieben wir uns auch!« Sie lacht und zeigt mir die frischen Knutschflecke am Hals.
Mehmet ist Asylant aus der Türkei, kommt aus Istanbul

und lebt von der Sozialhilfe. Hat keine Arbeit, dafür aber ein kleines vollgeschriebenes Notizbuch »für meine Spaß«. Breite Schultern, mittelgroß, dunkelhaarig und quellendes Kräuselvlies auf der Brust bis hoch zum Hals; zupackende Pranken mit Nikotinfingern. »Deutsches Geld sehr gut; deutsches Frau auch gut, fickifikki«, er lacht vergnügt, »deutsches Mann viel Scheiße.« Er sagt das ganz fröhlich und unbekümmert; selbstsicher, ganz Pascha, ganz Herr im Haus, wenn die Umschreibung erlaubt ist.

Er wohnt mit sieben Kollegen in einer Zweizimmerwohnung in der Feldstraße unterm Dach. Fast adrett zu nennen: deutsche Stangenkonfektion ohne Krawatte, Silberkettchen mit Namensschild am Handgelenk. Mehmet ist leidenschaftlicher Kartenspieler und Raki-Trinker; Moslem, na ja, und liegt am liebsten in der Sonne, wenn's welche gäbe. Von Arbeit hat er keine große Meinung, schon gar nicht, wenn man ihr per Arbeitsamt nachlaufen muß.

Dafür hat Mehmet viele kleine Fotos, von Birgit, Karin, Wilma, Bärbel oder Susanne, wie er stolz aufzählt. Kontaktadressen zwischen Wedel und Volksdorf, sorgsam aufgelistet mit Adresse, Telefonnummer und S- oder U-Bahn-Station. Frauen. Und diese sucht er tagsüber auf nach einem gewissen Zeitplan und vorherigem Anruf: »Du dasein, ich kommen«. Und falls er wiedermal ein paar seiner anatolischen Freunde, meistens Seemänner mit einem kurzen Stopover und der Landessprache unkundig, für ein paar Tage da hat, nimmt er sie einfach gleich mit oder vermittelt sie an seine anderen »Freundinnen«, meistens Frauen mittleren Alters, aber auch jüngere oder ältere; Hausfrauen, deren Ehemänner tagsüber bei der Arbeit sind.

Unauffällige Anlaufstellen in Hochhäusern, Mietblocks oder in Reihenhäusern, die beste Zeit von elf bis drei. Ein eingespielter Schichtverkehr mit anschließender

Entlohnung: Mittagessen, Kaffee und Kuchen oder Kurzdrinks, Zigaretten und wenigstens »einen Zehner für U-Bahn-Geld«, des öfteren auch die abgelegte Kleidung des Ehemanns; Hosen, Hemden, Schuhe, Unterzeug – alles schon in Plastiktüten vorbereitet und wie Siegestrophäen mit in die Stammkneipe genommen und unter die Kollegen aufgeteilt, getauscht oder für ein paar Mark verkauft. Zitat eines griechischen Taxifahrers: »Deutsches Frau nur gut sein für Spaß, nix gut für Kinder, viel zu weit unten, weil kann jeder drübersteigen.«
Die starke Frequentierung durch Ausländer fällt auf, das zielstrebige Eintreffen zahlloser alleinstehender Frauen ebenso. Bayrische Gemütlichkeit an den verputzten Wänden mit Farbe, Papier und Pappe drapiert, rustikales Sitzwerk; Bierhumpen, Brotzeit und geschnitzte Emporen. Blechern scheppert die wechselnde Kapelle durch die Verstärker, vor der Bühne darf getanzt werden. Vollbusiges mit Enghosigem läutet sich durch die Tischtelefone zusammen, klingelt sich vom Balkon auf die Tanzfläche herunter.
Jugoslawen, Kurden, Griechen, Italiener oder Türken; vereinzelte deutsche Mannsbilder haben die schlechteren Karten und dazu die zahlreiche Weiblichkeit aus deutschen Landen in der gehobenen Gewichts- und Altersklasse. Kontakte paaren sich sinnlich, verschwinden ohne Gruß aufs abschließbare Herrenklo für die eilige Lust oder bei höherer Einlage in die umliegenden Absteigen; die Betten bereits heftig umgepflügt von den Vorgängern.
Aber was will man mehr verlangen für einen quittungslosen Zwanziger, nebst fließend Wasser, warm und kalt, einschließlich Handtüchern? Mit zurechtgezupfter Perücke ist man ja nach gut dreißig Minuten eh wieder da, zu neuem Fischfang. »Was heißt hier Zärtlichkeit; ich will gefickt werden«, so eine lebenslustige

Barmbekerin. »Diese Kanaken sind ein Geschenk des Himmels, da haste mal richtig was in der Hand. Und wenn ich mal Lust auf 'nen Bimbo habe, gehe ich einfach in die Dorotheenstraße ins ... und feg mir ein paar davon rein.« Die Frage, warum sie an der Garderobe ihren Ehering in die Handtasche gesteckt hat, stelle ich nicht.

Unterschwelliger Rassismus, vielleicht Potenzneid, Mißgunst vielleicht gegen die zahllosen Ausländerjungs mit ihren deutschen, gleichaltrigen Freundinnen, längst nicht mehr so unerfahren, »gleich ein Brot in den Ofen zu schieben«. Der Plafond unseres eingefleischten Jungfrauentraumes, von dem wir nicht wirklich Abschied nehmen wollen, unsere Allergie gegen »zweite Wahl«. Selbstherrliche, taube und blinde Gehörnte, von den unerkannten Hausfreunden mit den Klappmessern in den Stiefeln.

Frauen, auf eigene Gefahr ausgebrochen aus ihrer körperlichen Reglementierung, dem altvertrauten Hackprinzip des Patriarchats. Ein neues Matriarchat im Vormarsch, wie einst in grauer Vorzeit? Den Erzeugern das Geheimnis der Zeugung vorenthalten; ihnen die Hoden abgetrennt und den Fischen zum Fraß vorgeworfen; Jünglingsopfer zur Fruchtbarkeit der Saat hingeschlachtet und eingegraben in den Staub. Dienstbar der Jagd und niederen Fron?

Jene ältliche Frau in der grauweißen Kunstfaserbluse mit dem Wintermantel aus Ozelotazetat hinter sich auf dem Stuhl. Die das Knie hob gegen den stämmigen Kerl aus Bursa, dessen rauhe Fäuste plötzlich auf sie niederprasselten, auf sie einschlugen in verachtender Wut, trunken unterhöhlt. Wehr und Gegenwehr, als ein Auge zuschwoll und dünnes, hellrotes Blut aus der Nase zu tropfen begann und sich dennoch keine Hand zur Hilfe anbot, eine Tür geräuschvoll aufflog, ein Schubs auf die Straße und ein massiger Frauenleib übers vereiste Kopfsteinpflaster schlitterte, welk und wirklich. Mantel und Tasche flogen hinterher, Mäuler, die hinterherspuckten. Oder die Polizeirazzia im Frühlicht und die zitternde, frierende Reihe verschlafener Frauenkörper in verflecktem Unterzeug und übergeworfenen Wolldecken auf dem zugigen Trottoir vor der Ausländerbleibe, zwecks Personalüberprüfung.

Prostitution ist harte Arbeit

Ein Fest sei es, mit ihr zusammen nachzudenken, notierte eine Freundin über sie. Schlank, rotstichiges Haar und die Geschmeidigkeit einer Katze: Dörti Soldi, schmutziges Geld, wie sie sich selber nennt. Mehrsprachig und mit der Begabung, ihr Gegenüber zu vereisen, wenn ihr danach ist, eine undurchdringliche, bruchsichere Glaswand vor dir aufzubauen. Kühl und prüfend, ihr Opfer nicht aus den Augen lassend, sprungbereit und zugleich schläfrig. Es wird zum Vergnügen, ihr dabei zuzusehn. Dann wieder verwandelt sie sich in einen Kobold voller Übermut, mit scharfzüngigem Witz, voller Begierde zu erobern, für sich zu gewinnen, eine Tischrunde mitzureißen und dabei ihren Charme aufzudrehen. Inzwischen ist sie außer Gefecht gesetzt und eingesponnen in eine Zweierbeziehung wie ein Einsiedlerkrebs, frisch verliebt, den Freunden unerreichbar. Ein Mediziner aus der Bernhard-Nocht-Straße, flüstert man sich hinter vorgehaltener Hand, denn gesehen hat ihn noch keiner, ein Chirurg aus einem der Abbruchhäuser am Hang, wo unten der aufgegebene Zeitungskiosk ist. Nach einem Abendessen in Piotrs Theaterkeller in der oberen Hälfte der Kastanienallee: »Zwangsheterosexualität in der Ehe oder in der Zweierbeziehung, die als normal gilt, ist im Grunde mangelhaft, vor allem für Frauen. Der Hausfrau, die ein- oder zweimal in der Woche von ihrem Ehegatten für fünf Minuten ins Bett gezerrt wird, reicht das nicht. Vielleicht hätte sie auch gerne Zärtlichkeit von ihm, aber eigentlich wichtig ist ihr offenbar eine befriedigende Sexualität nach den Maßstäben, die sie halt kennt: Ficken, und dann hat es sich. Was der Prostituierten fehlt, die ja reichlich Freier hat, ist das Menschliche. Ihr fehlt was Warmes, was Zärtliches, Gefühle.

Für mich war Prostitution harte Arbeit. Punkt. Ich hab nichts weiter erwartet, als daß es so und so lange dauert und bequem und glatt abläuft. Und daß es Geld gibt. Mir waren immer die Männer am liebsten, die auf Gefühle keinen Wert legten. Jedes menschliche Näherkommen habe ich vermieden. Das hätte bedeutet, irgendwie emotional Anteil zu nehmen. Das hat mich nicht interessiert.

Ich habe meine Haut (inklusive erogener Zonen, Geschlechtsteile und so) abgestellt und meinen Kopf angestellt. Man muß sich unerhört anstrengen, um die Situation in der Hand zu behalten. Das ist vor allem eine intellektuelle Leistung. Freier, die mit mir eine Beziehung wollten, hab ich verachtet und zum Kotzen

gefunden. Auch gepiesackt. Aber meistens fand so etwas wie gefühlsmäßige Gleichgültigkeit statt. Kein Haß. Hassen tut man nur jemanden, den man eigentlich liebt.
Es ist auch kein besinnungsloser Akt. Ich hatte schon alle fünf Sinne beisammen, oder sechs. Was die Männer dabei empfinden, weiß ich nicht. Ich kann das nicht erklären. Ist mir auch gleichgültig gewesen. Völlig. Die freuen sich. Die haben am Ende ihre Ruhe, sind glücklich, haben ihren Orgasmus gehabt, und ich hab mein Geld. Meine Befriedigung ist, daß ich mir damit eine gewisse Art von Privatleben leisten kann. Ich bin nämlich lesbisch, und es ist teuer, lesbisch zu sein, weil man als Frau nicht immer an den Mann gerät, der mehr

Geld hat als man selbst. Sondern nur an eine andere Frau, die unter Umständen noch ärmer ist als man selbst. Außerdem, Lesben sind ghettoisiert, können nicht die Annehmlichkeiten, den Komfort des Normalbürgers genießen. Wenn sie ausgehen wollen, dann haben sie ihre bestimmten Bars. Und wo sie unter sich sind, ist es meistens teurer.

Eine Partnerschaft ohne Gleichberechtigung gibt es für mich nicht. Aber das ist schwer durchzuhalten, denn auch zwischen Frauen gibt es Machtverhältnisse, die natürlich mit Geld zu tun haben. Es gibt Mißtrauen von der einen Seite, die weniger Geld einbringt, oder umgekehrt. Man kann sagen, daß meine Lebensgefährtin meine Zuhälterin war, da sie weniger Geld hatte und von meinem Geld mitgelebt hat. Das ist klar. Aber trotzdem ist es nie richtig so gewesen. Außerdem: Wenn man Zuhälterei so definiert, daß jemand von jemandem zehrt, dann ist jeder Ehemann Zuhälter, dann ist auch der Staat ein Zuhälter.

Wo immer Geld zu kriegen ist, schalten sich heute auch Frauen ein. Also auch in die Zuhälterbranche, obwohl ich vorsichtig sein würde mit dem Begriff Zuhälter. Absprachen, wer wo wann steht, diese mafiaartig organisierte Zuhälterei, gibt's bei lesbischen Zuhältern auch. Man kann sich auch als Frau durchboxen und in diesen Job reinkommen, an diesen Gangs beteiligt sein, die die Plätze verteilen und die Bullen schmieren. Es gibt in Hamburg eine oder zwei Frauen, die es geschafft haben. Nur: Die wenigsten Prostis, egal, ob sie nun auf dem billigsten Strich stehn oder Supercallgirls sind oder in Peep-Shows arbeiten, haben richtige Zuhälter. Sie arbeiten auf eigene Rechnung, wie 'ne Ehefrau, die noch putzen geht und die Haushaltskasse aufbessert.

Ich arbeite zwar im Moment nicht als Prostituierte, habe aber fest vor, wieder anzufangen. Inzwischen hab ich einen anständigen Karrierejob. Ich bin fest ent-

schlossen, wenn ich es zeitlich schaffe, irgendwie beides zu machen. Das hat was mit dieser Spaltung in anständige und unanständige Jobs zu tun. Ich will meinen Achtstundenjob auf sechs Stunden reduzieren. Also zwei Stunden, die für mich über sind. Was nicht heißen soll, daß ich jeden Tag zwei Stunden anschaffen gehen will. Vielleicht so zweimal im Monat.
Ich hab Schwierigkeiten mit meinem ›anständigen‹ Job. Zwar können Frauen dort dasselbe Gehalt bekommen wie die Männer, trotzdem sind die Frauen immer noch diejenigen, die die schlechteren Jobs haben. Ich bin da eingestiegen an einer Stelle, wo eigentlich nur Männer arbeiten und merke ganz deutlich, was männlicher Arbeitsplatz heißt. Weißt du, ich hab 'ne Zeitlang in einer Bar gearbeitet. Obwohl es da 'nen männlichen Chef gibt und obwohl nur Männer reinkommen, beherrschen Frauen diesen Ort. Männer empfinden sich als unpassend an diesem Frauenort, sind eher ängstlich. Jedenfalls, aus dieser Szene, in der ich nur mit Männern zusammenkam, um an ihnen Geld zu verdienen, gerate ich plötzlich in dieses Angestelltenmilieu, an einen normalen Arbeitsplatz. Und da ist alles genau umgekehrt. Das heißt, ich muß zu Männern freundlich sein und kriege keinen Pfennig dafür, Männer, die ich zum Kotzen finde und die zum Teil aufdringlicher sind als Bargäste. Ich brauch einfach ein Gegengewicht dazu.«

Ich brauchte halt immer 'n bißchen Familie

»Mit siebzehn oder achtzehn hatte ich noch 'n richtigen Job, bürgerlich mein ich, und zwar als Tipse beim Finanzamt. Das Zimmer war winzig, da stand 'n Aktenschrank drin, und ich saß mit einer alten Frau, die war fünfundfünfzig, saß ich, guckte auf die Wand, hatte meine Schreibmaschine, ein Telefon und einen Tisch, wo die Akten abgelegt wurden. Das war mein Zuhause von morgens bis abends. Also, ich bin bald ausgerastet. Ich war immer nur am Telefonieren, meine Freundin angerufen, 'n paarmal am Tag. Abends im Jazz-Club. Das war in der Finanzbehörde in der Steinstraße.

Meine Mutter hatte mir immer was Schickes ausgesucht, was genau zu mir paßte. Ich wollte Friseuse werden, durfte aber nicht. Ich sollte was Besseres werden. Das nervte mich schon mal von Haus aus. Friseuse wär so 'n billiger Beruf, meinte meine Mutter. Ich sollte halt was Besseres werden. Man kann dadurch auch viel besser heiraten. So dachte meinte Alte. Oh, das war alles für mich so... die hätt ich anpinkeln können auf die Texte. Also mit neunzehn fing ich praktisch an auszubrechen. Da war ich 'n halbes Jahr krank bei der Behörde, das ging ja auch nicht, und dann bin ich, Gott sei Dank, nicht mehr hingegangen.

Mit neunzehn hab ich dann mit'm Anschaffen angefangen. Ich hab auch noch beim Künstlerdienst gearbeitet, oder ich hab irgendwelche Jobs als Vertreterin gemacht. Alles Mögliche hab ich probiert: Eis verkauft, Teppiche verkauft, alles, was mir grade so übern Weg lief, was man halt so machen konnte. Im ›Pigalle‹, oder gedrückt vorm Hauptbahnhof, Zeitungen, alles hab ich gemacht. VWs nach Wolfsburg gefahrn für vierzig Mark, unterwegs Gummiautomaten für Überzieher aufgestellt, da gab's dann auch wieder 'n paar Mark für. Ich hab immer erstmal an die Mark gedacht, und außerdem hat es mir Spaß gemacht.

Gummiautomaten in Herrentoiletten aufzuhängen war gar kein Problem. Ich bin zum Wirt gegangen und hab gesagt: ›Schönen guten Tag, darf ich mal in die Herrentoilette gucken?‹ Dann hat er mich meist schon groß angeschaut. Darauf ich: ›Will nur mal kurz gucken, ob

AND THE
ONE TRUTH BAND
6. Sept. 78

da schon ’n Gummiautomat ist.‹ Und dann hat er entweder ja oder nein gesagt. Wenn nein, sag ich: ›Was, Sie haben keinen Gummiautomaten? Ist aber doch ganz wichtig, Herr Wirt.‹ Und: ›Dann müssen wir doch mal einen aufstellen, finden Sie nicht? Sie kriegen auch soundsoviel Provision am Verkauf.‹ Ja, und dann hab ich das auch noch gemacht. Das war meine Autohändlerzeit in den sechziger Jahren. Dann bin ich noch schnell mal zwischendurch in ’nen Callgirl-Ring gegangen. Damals war ich noch ganz jung. Da hatt ich so ’n Kleidchen an mit Schleife auf’m Hintern. So ganz niedlich. Und dann lernte ich auch immer irgendwelche Typen kennen, einer war von der *Bild*-Zeitung. *Bild*-Zeitungsschreiber. Der hatte ’ne ältere Freundin, die hat mich denn mal in den Callgirl-Ring mitgenommen; den hat ein Pärchen gemacht. Die waren wirklich ganz nett. Ich bin da immer gern hingegangen. Das Ficken war Nebensache. Eigentlich war das immer ganz gemütlich, da zu sitzen. Ich brauchte halt immer ’n bißchen Familie. Gab nicht viel im Callgirl-Ring, fünfzig Mark; die kassierten hundert.
Jeden Tag bin ich in’n ›Starclub‹ und ins ›Top Ten‹ gegangen. Nebenbei hab ich ’n bißchen angeschafft, wegen der Mark, aber eigentlich interessierte mich nur die Musikszene und nachts lange unterwegs sein bis morgens. Ich hab immer nur bis eins angeschafft, so von elf bis eins, drei Stunden. Oder wenn da ’n duftes Konzert war, dann bin ich vorher hingegangen, oder je nachdem, die Zwischenräume ausgenutzt, geschäftlich, und denn aber wieder bis morgens um sechs um die Häuser. Jeden Tag. Das hat Spaß gemacht. Immer Große Freiheit.
Ich wohnte auch in der Freiheit, in der Nähe, Annenstraße hieß die, die Wohnung hatte Kalle mir besorgt. Die Typen hatten immer so linke Texte drauf: ›Na, heute schon gefickt‹, oder so ging das doch immer.

›Hast aber heute ’nen geilen Arsch‹ – von vorne bis hinten zur Freiheit kriegte man da mindestens dreißig Texte reingedrückt. Zuerst nervte das ja, aber nachher ging das zurück.
’ne Zeitlang hab ich auch in Hunden gemacht, und zwar hab ich die mir immer per Güternachnahme schicken lassen, nach Altona. Die hab’n die Dinger aus der Kiste gepackt, diese verkackten Hunde, die wieder ’n bißchen ausgebürstet, bei mir in der Badewanne zu Haus. Dann mittags ins ›Campari‹, mit einem auf dem Arm, schön gekämmt, kleinen Pudelschnitt gemacht, Schleife ins Haar. Mittags beim Frühstück im ›Campari‹ hatte ich schon einen verkauft, und abends auf’m Kiez bin ich auch noch mit zwei losgegangen. Stück für dreihundert. Das war in der Pudelzeit, als die Pudel angesagt waren. Hab den ganzen Kiez beliefert. Und nachher, zehn Jahre später, bin ich mal irgendwo im Sachsenwald gewesen; da hatte ich immer noch’n Köter und hab da so ’n Typ getroffen, der’n Köter von mir hatte. Die Hundegespräche hörten gar nicht mehr auf. Die wollten von mir nachher noch deutsche Doggen haben. Ich bin sogar aufs Land gezogen, hatte da ’n Zwinger, mit Karpfenteich, und ’n altes Haus, in Bergstedt.
Später konnt ich gegen die Scheiße nicht mehr an. Ich hatte ’n Laden aufgemacht am Schulterblatt; Weihnachten war der ganze Laden voller Pudel, hundert Stück war nix. Eigentlich waren die immer in Boxen einzeln abgepackt, per Tierschutzverein, da war ich nachher auch noch drin. Weil, das nervte mich, die machten mich dauernd an, und da dachte ich, ich tret da gleich ein, dann können die mich mal am Arsch lecken. Doch in den Boxen waren die alle so vollgeschissen, und ich kriegte die nicht mehr auseinander die Scheiße, weil die auch noch so frisch war. Das muß ja erst ’n bißchen antrocknen, bis man die so rausbürsten kann. Und die ganzen Schleifen, alles war voll Scheiße. Ich war so was

von genervt, ich kriegte das alles nicht mehr in'n Griff und bin schreiend aus'm Laden rausgelaufen. Und da war's auch aus mit den Pudeln, da hatte ich die Schnauze voll. Das war furchtbar. Da hatte ich alles, Gummistiefel, Schlafanzüge, Bonsche, Brillis um'm Hals, alles was es gab, der ganze Kiez kam da anmarschiert. Das war auch nicht schlecht.
Einmal war ich mit meiner Freundin, einer Graphikerin, unterwegs. Plötzlich sagte sie: ›Oh, da sitzt mein Chef, der muß mal richtig eine reingewürgt kriegen. Der geht sofort mit mir, aber wir gehen zu dritt. Dem klauen wir alles, was er hat. Auf den hab ich so eine Wut.‹ Ja, und wir dann los mit ihm ins ›Lausen‹, nebenan war so'n Clubhotel, 'n nettes Zimmer genommen mit Himmelbett und Musike. Dann hat sie sich auf sein Gesicht gesetzt, und während der Zeit mußte ich erstmal die Kohle aus seiner Tasche raushüsern. War aber nur – also wir hatten jeder dreihundert gekriegt, und dreihundert noch extra, was ich gegriffen hatte; war zusammen neunhundert. Dann wir wieder raus, ins ›Chérie‹. Dann sagt sie, also, falls der Hund link wird, das kann ja auch sein; bei der Polizei ist das so; die kommen rein und sagen: ›Ihre Freundin hat gestanden.‹ Also, ich kenn das schon. Du sagst dann: ›Na ja, dann wissen Sie ja, wer das war.‹ Weil, die wollen dich nur auf 'n Leim führen. Genau das traf auch ein, genau das. Da hatten wir dann auch gesagt: ›Na ja, dann ist ja gut, dann wissen Sie auch, wer das war‹, hab ich dann gesagt. Und somit war das Thema abgehakt, aber 'ne Nacht mußten wir drin sitzen, weil die uns schon morgens eingebuchtet hatten, so um vier, und um halb neun oder um acht geht das da erst wieder weiter. Beim Pinkeln wurde zugeguckt, ob auch nix unten drin war von der Kohle und wir's beim Pissen nicht heimlich wegmachten.
Na ja, auf jeden Fall haben sie dann die ganzen Gummis in der Tasche gefunden und gefragt, was machen Sie

dann damit? Und wir: ›Was würden Sie denn damit machen? Ballonparty‹, haben wir denn gesagt. ›Wollten wir eigentlich machen heute abend, ist aber nichts geworden. Weil wir jetzt hier sitzen müssen.‹ Wir waren ja auch immer so saufrech. Na ja, das war dann die Rache, mit ihrem kleinen Chef. Denn der hat sie immer angemacht und an'n Busen gefaßt und so. Nervte tierisch, der Typ. Und deswegen ist sie nachher da auch abgehaun, weil das nicht mehr auszuhalten war, sagte sie. Und da mußte sie ihm nun einen reinwürgen, das war ja klar.

Ich hab meine eigene Wohnung gehabt, aber ich schlief morgens immer bei Archi. Ich kam immer mit der ganzen Kohle in der Tasche an und brachte noch meine Freundin mit. Dann haben wir geteilt, denn wir machten alles zu dritt. Weil das bequemer war. Mit einem Mann zusammen. Wir sind abends immer zusammen gegangen. Weniger als Schutz, mehr zum Lachen. So 'n alten Sack da immer alleine, ist ja langweilig. Ja, und dann mußten wir ja auch die Kohle teilen, denn einer hatte die dann eingepackt, und dann ist Archi ausgerastet. Das konnt er nicht ab, er wollte nie, daß wir anschafften, das fand er so übel. Ich sollte bei ihm im Laden arbeiten, unten am Büfett, für fünfundzwanzig die Nacht. Ich sag: ›Bei dir piept das wohl. Bei dir für fünfundzwanzig die Nacht stehn, bis morgens um sechs, da geh ich doch lieber anschaffen.‹ Ja, und dann rastete der aus. Das fand er ja nun zu kaputt. Er hat uns wieder rausgeschmissen, erst meine Freundin, und dann hab ich hinterher noch das ganze Apartment kaputtgehaun. Und die Leute, die wohnten nebenan, da war nur so 'ne Pappwand irgendwo, die war zwar tapeziert, aber da konnt'ste jedes Wort hören.

Ein andermal hatte er mich unten eingeschlossen, weil er mit'm andern Mädchen wegwollte, da machte er immer so gutbürgerlich mit, das war von Reeperbahnmaxe die Tochter, an der Großen Freiheit, wo's die Zeitung gibt, da auf der Ecke. Hamburger Berg, die Ecke da, gehörte Reeperbahnmaxe, und der hat auch Archi irgendwann mal den Laden besorgt. Der hatte 'ne Tochter, Karin. Und die fand ihn toll. Er war Kellner. Sagt sie: ›So 'n Scheißkellner vom Kiez will ich nicht. Kellner auf'm Kiez!‹ Erst war er nämlich im ›Palais Schaumburg‹, auf elejant. Hatte Adenauer bedient. Aber da hatte er dann kein Bock mehr drauf. Ist auf 'n Kiez gegangen. Mußte aber Karin beweisen, daß er was andres machen kann, selbst 'n Laden machen. Und da hat Reeperbahnmaxe ihm wohl 'n bißchen bei geholfen. Auf jeden Fall ging er mit Karin immer noch ab und zu weg. Da war ich wütend. Er hat mich unten eingeschlossen, weil ich sonst alles wieder zertrümmert hätte um mich rum. Und dann hab ich das Zeug oben aus'm Fenster rausgeschmissen: seine Anzüge, Cardin, Pierre-Cardin-Anzüge, die waren nun so was von häßlich, und so graue Schuhe mit Löchern, fand ich alles so häßlich, alles aus'm Fenster geschmissen, und hab immer gesagt, bedient euch, Leute, heute ist freies Aussuchen. Ja, die haben alles eingesackt da unten, die ganzen Portiers haben sich was mitgenommen. Ich hab auch mal die ganzen Betten leergemacht, reingeschlitzt und denn Frau Holle gespielt.

Ich war ja immer morgens schon in dem Laden, ich hab da auch mal zwei Wochen gearbeitet. Dort stand hinter'm Büfett, war richtig schön hell, da stand: ›Zusammenkippen der Getränke strengstens verboten‹. Das war für die Polizei – also, ich meine, damit die das lesen, daß das da nicht stattfindet. Doch das fand nun in jedem Laden statt. Unter jedem Tisch war 'ne Wanne zum Auskippen. Die war so angebracht, daß man das Zeug wegkippen konnte. Und aus Versehen fielen da auch mal Zigarren- oder Zigarettenstummel rein. Das wurde irgendwann wieder rausgetragen, hinten mit'm Sieb durchgesiebt und wieder zusammengekippt in die nächste Flasche. Die kostete sowieso nur einsfünfundneunzig im Einkauf. Vom Billigsten. Die Gäste merkten nie was. Im Séparée holten die sofort ihren Diddel raus, wollten sich da einen runterholen lassen, dabei wurden ihnen die Ketten abgenommen um' Hals, in die Taschen gegriffen; was die da drin hatten, das wurde alles rausgeholt. Nein, das hat er nicht gemerkt. Eine Frau rechts, eine andre links, und dann wurde er so richtig durchgecheckt. Brieftaschen durchgestöbert und rausgegeben zum Nachgucken, ob da was drin war, was man noch gebrauchen konnte, oder was für 'n Typ das war. Dann wurde das wieder reingereicht und bei ihm reingepackt. Wenn er viel hatte, blieb auch mal 'n Scheinchen da oder zwei. Je nachdem.

Wenn du da morgens reinkamst in den Laden, also wenn das Putzlicht an war, da waren alle Vorhänge vom Séparée verwichst von den Freiern. Die ganze Wichse, die wurde am Vorhang abgeschmiert. Man saß da so richtig in den Gonokokken drin, das war vielleicht ein unhygienischer Laden. Alles so, weißt du, so Moltofill, so 'n dünnes Zeug, in Purpurrot.

Und dann die Geschichte mit dieser Karte, mit den Preisen. Also wenn du hinten im Séparée gelesen hast, da war Rotlicht, da konntest du die rote Schrift nicht sehn. Du konntest nur die schwarzen Schriftzüge lesen. Wenn aber die Bullen kamen und die Freier sagten, hier, das stand nicht auf der Karte, dann kam Archi – vorne am Büfett war ja richtig helles Licht – und sagte: ›Hier, Herr Wachtmeister, da steht's doch!‹ Denn nun konntest du das Rote ja wieder lesen. Die Bullen kriegten ja auch immer abgesteckt. Immer wenn wieder Putz war oder die Bullen kommen mußten, wenn der Freier nicht bezahlen wollte oder nicht soviel Geld dabeihatte – da kamen zwei-, dreitausend Mark ja schnell ran, hatte er ja nie mit –, denn rasteten die da erstmal aus und sagten:

›Ja, holen Sie mal die Polizei!‹ Jedesmal, wenn die kommen mußten, kriegten die abgesteckt.
Eines Tages rief mich 'n Freund an und sagte: ›Ich bin in Frankfurt und hab da jetzt mit 'nem Juden 'n Nachtclub. Da kannste arbeiten für 'n Tausender, bring noch 'ne Freundin mit. Die kann als Animierdame arbeiten und kriegt sechs Mark am Drink. Also ihr bekommt 'n Apartment und könnt sofort anfangen.‹ Ja, ich bin dann mit meiner Freundin irgendwann nach Frankfurt. Und da fing das dann eigentlich erst richtig an. Zuerst war ich Barfrau, später hab ich dazu keine Lust mehr gehabt, weil man als Animierfrau besser verdiente. Außerdem hab ich zwischendurch noch 'n paar Freier gemacht. Ich hatte mir 'n Cabriolet gekauft, weiß-rot, und bin zwischendurch mit'm Freier raus aus'm Laden. Sagte sein Partner: ›Du mußt dich entscheiden, entweder im Laden oder draußen zu arbeiten.‹ Hab ich gesagt: ›Ach, ich arbeite doch lieber draußen.‹
Und dann ging nochmal die Kaiserstraße los. Das war ja geil. Nitribit war grad abgekratzt. Da gab's ein paar Luxusfrauen! Ich hab nur gestaunt, die hatten Klamotten an, ausgeschnittene Kleider mit Spitze, ein Luxus, wo ich nur von träumte. Ein paar Kisten fuhren die, ich konnt nicht mehr. Die hatten ihre Schuhe beim Fahren ausgezogen, haben sich da so kleine Nerzfelle reingetan, damit ihre Füße weich waren, in weiß, das fand ich ja alles so verrückt. Perücken hatten die auf, Nerzcapes um, und die Brillis blinkten nur so. Ich fand das zu ausgerastet.
Ich bin die erste Zeit ins ›Café Expreß‹ gegangen. Ab und zu, wenn ich mal Bock hatte, bin ich mit einer die Straßen durchgefahren, zu dritt, dann hatten die 'ne Neue dabei. Ich war ja noch ziemlich jung, das zog immer. Die haben dann die geschäftlichen Seiten durchgezogen. Von denen konnt ich immer gut lernen. Außerdem hatten die auch 'n Apartment. Es war ja

immer ziemlich unsicher für mich; mit 'nem Typ alleine loszuziehen, das war 'ne richtig rabiate Art da auf der Straße. Die gingen für billig mit, aber hatten nachher eine Kohle in der Tasche, das war nich normal. Da wurden ein paar Nummern abgezogen, das hab ich in meinem Leben noch nicht gesehen. So ganz gemeine, also perverse Dinger. Überhaupt, wie man so 'm Kerl Geld rausleiern kann, auf was für verrückte Arten: festbinden und in 'n Arsch treten oder noch 'ne halbe Flasche Sekt nachtrinken und dann nachkassieren, eben auf alle Trips eingehen, wo der Mann noch 'n paar Mark raustun könnte. Vorher schnell aufhör'n und dann nochmal wieder nachziehn und so, das kannte ich ja nicht, das fand ich höchst spannend.

Ich bin dann wieder ins ›Café Expreß‹ gegangen, das war auch nicht schlecht, da tranken wir jeden Abend 'n paar Flaschen Champagner. Doch ich hatte noch meinen Feierabendtrip, die Musikszene. Es kamen ja auch immer wieder meine Musiker an. Ich bin dann noch um die letzten Häuser gezogen mit den Musikern, das war wunderbar; ich hab mich gut amüsiert dabei. Ich fand das alles zu spannend. Ich hab keine Ecke ausgelassen. Wo's noch was zu schnuppern gab, war ich da.

Spooky Tooth, die hab ich mal zufällig auf der Fähre nach Dänemark kennengelernt. Die Beatles kannte ich auch, da hatt ich Astrid die Haare geschnitten. Da war ich jeden Abend, mein Stammtisch war beim Musikertisch, oh, toll. Zu schick. Ich stand ja so auf die Musik. Die Rolling Stones hab ich in Hamburg kennengelernt. Eigentlich hab ich die zweimal kennengelernt. Ich war doch immer im ›Star Club‹ und im ›Top Ten‹, jeden Tag, und ich kannte die Typen alle. Und dann war hier in so 'nem Hotel 'ne Party, die wollten ins ›Atlantik‹, aber da konnten die ja nicht rein, dann sind die irgendwo in'n ›Alsterhof‹ oder so, was weiß ich, wie das hieß, 'n Hotel am Bahnhof. Das war alles abgeriegelt, und die

einzige Frau, die da drin war, das war ich, und dann ging's natürlich los. Ich war mit den Rattles zusammen, mit dem Dicky, dem Schlagzeuger, zu dem sagte der Brian Jones: ›Ja, kannst du nicht mal deine Frau heute ausleihen?‹ Und ich: ›Du bist 'n Arsch, mußte mich fragen. Mußte ihn doch nicht fragen. Darauf hab ich schon mal gar kein Bock dadrauf!‹ sag ich, ›auf so 'ne Nummer.‹ Na ja, dann haben wir da die ganze Nacht noch gefeiert, und dann ist er nachher alleine ins Bett.
Den Stones hatte ich erzählt, daß ich mit meiner Mutter nach Ceylon fahr, und da wollten die mit. Na ja, und dann bin ich mit denen nach Ceylon. Das war schon komisch, als wir im Hotel in Colombo ankamen. Die hatten Bastkoffer mit Fell überzogen und waren überhaupt für die Verhältnisse damals ziemlich ausgerastet, die Typen, außerdem hatten die soviel Dope in der Birne, das war nicht mehr normal. Da gab's 'n Hotel, wo sie ›Die Brücke am Kwai‹ gedreht hatten, das war 'n richtig schönes altes Hotel, aber auch total vergammelt, so im englischen Stil mit Badehaus. Es lag auf'm Berg, und unten war die Küste, richtig schön, traumhafte Lage; meinst du, die haben jemals irgend 'nen Weg genommen, die Treppen hoch? Die sind immer durch die Büsche gegangen und haben gedacht, die wären in Korea im Krieg oder so. Die waren überhaupt nicht normal, die Typen. Nachher hab ich noch 'n Schlachter kennengelernt, das war 'n richtiger Henker, 'n Bulle, und dann hab ich zu dem gesagt, tu mir mal einen Gefallen und fahr mit denen in 'n Urwald und schlachte 'n Tier auseinander, so was wollen die sehen. Und das hat er dann auch gemacht. Er ist vier Tage mit denen in 'n Urwald, und ich war froh, daß ich die Viecher los war, die waren mir zu ausgerastet.
Manchmal standen sie 'ne ganze Nacht am Fenster und haben gedacht, Wunder was da los war. Ich hab immer Angst gehabt, daß die auch irgendwie mal ganz abdü-

sen. Die waren nur auf'm Trip. Und dann hab ich gedacht, nö, meinen Urlaub will ich so nicht verbringen. Ich hab dann immer mal 'n bißchen gekuckt, was die machen, weil ich die ja jeden Tag sah.
Ich hatte den Sekretär von Bandaranaike kennengelernt, durch einen Steindealer, der hatte sich nämlich an meine Mutter rangemacht. Aber eigentlich wollte der mich kennenlernen, ja, und so hab ich den dann kennengelernt. Erstmal wurde ich durch ganz Ceylon geschifft, mit'm Chauffeur, dem Steindealer, und meiner Mutter. Außerdem hatten wir noch'n Freund von meiner Mutter dabei, der war auch ganz nett, 'n Inder. Der fand das ja nun toll, daß da 'ne europäische Frau bei war, hat ihr immer die Hand geküßt. Und wir dann immer los, täglich irgend'ne Fahrt gemacht. Silvester gefeiert mit der Schickeria von Ceylon. Einmal wurde ich von dem Sekretär eingeladen, und dann sagte er, ja, meine Frau ist krank; die mußte dann nach oben ins Bett. Ich wußte ja nicht, was los war, das war da immer so ... Also die Frau, die war dann plötzlich krank, die hatte gefälligst abzuhauen, wenn da Besuch war. Der Mann wollte sich amüsieren. Dann wurde getanzt, unten in seiner Villa, mit'm Taschentuch auf'm Rücken. Ich hatte mir in London so 'n englischen Hosenanzug gekauft, das fanden die todschick. Am nächsten Tag mußten die Frauen los, sich 'n Hosenanzug machen lassen, das fanden die zu schick, weil das ja kein Sari war. Ich fand 'n Sari toll, hab ich mir so'n Ding umgebummelt, da gab's nur keine rein seidenen, das hat mich geärgert. Es gab nur Baumwolle und Synthetik ...
Das alles lief parallel zu den Rolling Stones, mein Trip nebenan, den ich selbst für mich gemacht habe. Und die Stones hab ich immer irgendwann mal gesehen und weiter nix. Das ging sechs Wochen lang.
Ich war auch in Paris, Italien, Via Veneto, Kopenhagen. Da hatt ich denn auf Hamburg gar nich mehr so 'ne

Lust, Hamburg hab ich immer nur als Zwischenstation genommen. Das war mir nicht interessant genug. Das war so wie eingeschlafene Füße, weißt du. Das Leben war woanders ja viel besser.
In Paris, da hatt ich 'n Mercedes dreihundert, so 'n Adenauer-Wagen. Mit dem bin ich durch die Georges-Sand gefahren. Nachmittags saß ich im ›Fabergé‹, das war an der Ecke von Georges-Sand – ob ich nun angeschafft hab oder nicht, angeschafft hab ich ja immer. Aber ich hab mich da nicht so drum gekümmert, das lief immer von alleine. Irgendwie hatte ich das Programm auch so gefressen. Ich lernte immer jeman-

den kennen. Das ging alles wunderbar. Und dann bin ich mit meinem Wägelchen auf und ab gefahrn, und hab das Licht drinnen angelassen, und hatte ja wirklich 'n komfortables Autochen. Vorne mit Schallplattenspieler, Schreibmaschine, Tonband, auch 'ne kleine Bar, war alles drin, ja, so richtig elejant. Da stand ich ja nun auch drauf, ich hatte nur vom Feinsten an. Endlich konnte ich mir das alles mal leisten. Aber denn waren die Nutten hinter mir her, oh, die haben die Wut gekriegt. Weil ich halt Neuling war in der Straße. Mit Tränengas hinter mir her, die Alten. Hab mir auch Tränengas gekauft, hab immer nur die Buddel hochgehalten, wenn ich eine sah. Also, ich hatte überhaupt keine Angst, ich war ein mutiges Aas.

Doch dann passierte auf einmal was ganz Schlimmes, und zwar wurden die Algerier gejagt, und da war so viel Polizei im Umfeld. Was nur Haare und Beine hatte, wurde eingelocht. Da bin ich abgehaun aus Paris. Es war mir echt zu brenzlig. War schlimm; die Karren, die fuhren da nur so die Typen ab, die Billardsalons, alles wurde leergefegt von den Typen. Furchtbar. Ja, da bin ich dann da weg.

Eine Zeitlang war ich in St. Tropez. Um mich auszuruhn, bin ich auf die FKK-Insel gegangen, gegenüber von Cannes war 'ne FKK-Insel, Île de Levant, da hab ich Urlaub gemacht. Das war ganz schön. Ja, und sonst haben wir immer irgendwo im Café gesessen.

In der Maschine hatte ich zwei Amerikaner kennengelernt, die wollten sich amüsieren. Sie fragten mich: ›Ja, was willst du denn in Cannes?‹ Ich sag: ›Ich will Miniröcke einkaufen, so viel es geht, also wirklich reichlich. Ich muß total die Szene abgrasen. Ich muß Miniröcke haben.‹

Das war auch wirklich mein Anliegen. Es interessierte mich nichts andres als Miniröcke, da hatt ich ja nun von gelesen und gehört, das war mein ganzes Trachten, die geilsten Miniröcke zu haben. Und dann hab ich gesagt, es holen mich noch zwei Freundinnen ab.

Wir waren genau das richtige Gespann. Na, und die nun mit uns drei los durch St. Tropez. Die ganze Szene haben wir abgeklappert. Die beiden haben uns alle Miniröcke aufgekauft. Wir haben die auch so angetörnt. Die haben einen Spaß gehabt. Wir standen im Laden, haben uns da nicht in 'ner Umkleidekabine umgezogen, sondern immer mitten im Laden unsere Schlüpfer ausgezogen, und das fanden die nun zu geil. Die haben sich richtig amüsiert. Wir sind nachher noch mit ins ›Majestic‹ gegangen, noch mit denen nett gegessen, unsre Kohle rausgeleiert, die wir brauchten, und dann sind wir wieder auf unsre Insel gefahrn. Episoden waren immer.

Am tollsten war's mit Alex, einem Australier, der nur mit seinen zwei Barkeepern rumfuhr. Die hatte er zur Unterhaltung immer dabei. Die mußten die Drinks einschenken und unterhalten; sonst konnten die auch gar nichts, die waren saudumm. Die waren so was von blöd. Björn und Niels. Dänen waren das. Einer war so beknackt wie der andre; Dick und Doof, du, echt. Das war ein Gespann, du konntst nich mehr; wenn du die schon gesehn hast, konntest du ablachen. Und die nun überall mit.

Irgendwann nach Ostern sag ich, du, jetzt muß ich mal wieder nach Hause fahren. Ja, sagt er, gut, fahrn wir nach Hause. Wir kamen irgendwo in Cannes an, und ich dachte, ich bin nun in Hamburg auf'm Flughafen. So hat der mich immer geflachst, der Alte. Der war witzig. Und das einzige, was mich störte, war, daß ich keinen Bikini mithatte. Ich sag: ›Hach, jetzt hab ich ja gar keinen Bikini mit!‹ Das hat ihn dann wieder gefreut, denn ich kam ja gar nicht auf die Idee, daß ich mir hier einen kaufen könnte. Dann hat er mir erstmal die Kohle gegeben und gesagt: ›Jetzt kaufst du dir 'nen Bikini,

dann kaufst du dir ’n Abendkleid und ’n Paar Schuhe noch. So.‹ Das war ja für mich das Allergrößte. Da ging ich wie ’ne Ente. Brust raus; hatte einen Fetzen an, das war ’n weißes Kleid, eigentlich ganz schön, aber für die Verhältnisse, in welchem Hotel ich war, da war das schon wieder ’n Gartenkleid. Brust und Arsch raus, so ging ich denn aus’m Hotel. Er fand das zu toll, wie ich aus diesem Hotel rausging. Der hatte immer Bock auf meine Nummer.
Irgendwann ist er mit meinem ganzen Zeug abgehaun. Da war er weg. Ich hatte nix. Nich mal ’n Kleid, nur ’n Bikini hatt ich an. War gerade im Meer schwimmen, kam im Bikini zurück ... und alles war weg. Geld hatte ich auch keins. Irgendwie hab ich’s aber geschafft. War ganz schön, wieder nach St. Pauli, nach Hause zu kommen.«

Begräbnis

Im Nieselregen eines Novembernachmittags auf einem Hamburger Großfriedhof: große schwarze Hüte, modisch getönte Brillen über Hochhackig und Vollbusig. Die »kleinen Schwarzen«, mit konkurrierenden Duftwolken von Chanel Nr. 5 bis Opium, gegeneinander abgesetzt und angeklammert an durchtrainierte Oberarme nobel aufgebügelter Beschützer. Pelze, schwere Mäntel und Schmuck, von Gelbgold mit Brillanten bis zu Rheinkiesel mit Doublé. Blumen dazu, professionelle Gestecke und Kränze mit Schleifen aus dem Musterbuch. Lilien, Nelken, Schleierkraut. Minutenlanges Scharren über den Kies, in Reihe, wie auf einer verhinderten Modenschau, mit gesenkten Köpfen den Sargträgern nach. Im Halbrund vor der Grube.

Das Zeremoniell des Abschieds: kleine Handbuketts und klumpigfeuchtes Erdreich ins Rechteck, die Szenerie auswechselbar und nur zu unterscheiden durch die zahlenmäßig wechselnde Anteilnahme.
Dann tritt eine vollschlanke, schwarzverhangene Mittvierzigerin dicht an die Grube heran, entschraubt wie selbstverständlich eine Halbliterflasche Korn und entleert sie über den Sarg. Sie macht kehrt, die leere Flasche in den Händen, und strebt wieder dem Ausgang zu. Weder Verblüffung noch Gelächter kommt auf. Letzter Tribut für Maria, Ende Zwanzig, aus der Talstraße 10; ein geöffneter Gashahn im Frühlicht nach einem nächtlichen Absturz, eine aus Erfahrung bilanzierte Willensentscheidung.
Eine Woche später wird es Susi sein, 25, eine Flasche Bacardi und mehrere Röhrchen Tabletten. Kein Traueraufgebot, nur ein paar Stunden aufgeschrecktes Geflüster. Die verstörten Eltern veranlassen die Überführung nach Esslingen in Schwaben. Die Einzimmerapartments sind rasch wieder vermietet, Talstraße rauf, Schmuckstraße runter, die Telefonnummern vom Postamt 4 zügig umgeschrieben.

Wir sind Frauen wie andere auch

Das kleine Apartment mit den weißen Schleiflackmöbeln am Hans-Albers-Platz hatte ich wieder aufgegeben, es war zu laut, zu teuer, zu wenig geeignet, um darin zu wohnen oder zu leben, wie ich es wollte und auch mußte. Man kann nicht schreiben mit Ohropax in der Muschel, dem Schnarren der Sprechanlage oder dem Verkehrslärm in den Wohnungen neben und über einem. Zumindest akustisch mußte ich am Lustgeschäft,

von dem dieses Haus auch am Tage lebte, Anteil nehmen. Nicht, daß ich mich belästigt fühlte. Nein, so nicht.
Die Mädchen unten vor der Tür waren sehr freundlich, grüßten und kauften auch mal für mich ein, wenn ich nicht mehr rechtzeitig aus meinem Büro wegkam. Man mußte es ihnen nur früh genug sagen. Obwohl sie mich nicht so richtig einordnen konnten, stellten sie mir keine Fragen. Sie hängten die Einkaufstüte einfach draußen im Flur an die Türklinke. Oder man traf sich unten, am Verschlag für die Mülltonnen. »Soll ich dir frische Brötchen mitbringen? Ich will grad zum Bäcker!«
Doch irgend etwas an meiner Türsprechanlage funktionierte nicht. Den Hausmeister zu rufen, war ich zu faul. Jedenfalls waren die Kontaktgespräche unten vor der Tür nicht zu überhören: »Bleib mir von der Wäsche mit deinem Indianergeld, für dich läuft hier nichts unter 'ner Blaumeise!« Klang zuerst wie ein Geheimcode, bis ich beiläufig mal nachfragte. Die »Blaumeise« wurde zum Hunderter, das »Pfund« ein Zwanziger, und abwärts ging's über den »Heiermann« zum »Zwoling« bis zu den kleinen Münzen, dem »Indianergeld«. War man unter sich, ging das Visier hoch, wurden die Freier durchgehechelt. Die Abstauber, die Schickeriafreaks oder die Spruchkasper, die ihre bruchstückhafte Insiderkenntnis wie ein billiges Parfum spazierenführten. Nur weil man sie mal wegen ihrer gefüllten Patte in ein paar Privatclubs hineingelassen hatte. Wie der verheiratete Modefreak, der mit modischen Nappalederhosen um sich schmiß, damit er mal mit ein paar Luden wichsen durfte, das öffentliche Gelächter wie eine Schleimspur hinter sich herziehend. Oder der kahlköpfige Theatermann, der sich als Postbeamter ausgab, um den Preis für den Lustgewinn in seiner Art-deco-Behausung auf Sozialtarif zu drücken.

Die Hinterhauswohnung in der Seilerstraße hatte sich durch Zufall ergeben, war ruhiger und billiger und eigentlich ideal, bis auf die Italiener aus der Pizzeria von Rocco und Angelo, die des öfteren ihr Duschwasser durch meine Küchendecke rieseln ließen. Aber das merkte ich erst viel später, als ich schon alles frisch renoviert hatte. Drei große Fenster in den Innenhof, Ruhe und Sonne am Nachmittag. Keine Leuchtreklame, keine Koberdifferenzen beim Wäschestückzählen oder die Rasierklingenschlachtfeste, einmal Pulsader quer und das heulende Elend nach der Blaulichtfahrt ins Hafenkrankenhaus zum Klammern. Kein aufgeblähter Männlichkeitswahn mit frisiertem Motor, der vor Kraft in seinen Westernboots schon O-Beine bekommt: »Den Slip durch die Kimme hochgezogen, und du hast vorne 'n Paket wie 'n Straußenei.«
Seilerstraße. Ich hatte mich schon gemütlich eingerichtet mit Kaffeemaschine, Toaster und meinen rund siebzig Teesorten. Da hörte ich von Barbara, einer Mutter von zwei Kindern, einer 34jährigen Prostituierten aus Lyon. Als Sprecherin von 150 Kolleginnen hatte sie mit diesen 1975 die Saint-Nizier-Kirche in Lyon besetzt und den Generalstreik ausgerufen unter dem Motto: »Der Staat ist der größte Zuhälter!« Über diese Erfahrungen hatte sie ein Buch geschrieben: *Die geteilte Frau*. Gudula Lorez, eine alte Freundin aus Berlin, hatte das Buch in ihrem Handtaschenverlag herausgebracht und mir zugeschickt. Die Geschichte von Barbara, die heute zurückgezogen und unerkannt mit ihren Kindern in einem kleinen französischen Dorf lebt. Ausgestiegen und für niemanden mehr zu erreichen, der nur Barbara sucht, die »Ehemalige«. Ich las ihr Buch, einen halben Tag und eine Nacht, ein aufrichtiges und bestürzendes Buch. Du kannst alles vergessen, was du jemals über Prostituierte gelesen hast, über Dora, über Domenica, über die unzähligen seichten klischeefreundlichen Nut-

tenaufgüsse. Hier war eine völlig neue Stimme, frisch, klar und direkt.

»Dadurch, daß man den Geschlechtsakt mit Liebe verwechselt«, hatte Barbara geschrieben, »verwechselt man auch Pornographie mit Erotik. Ich liebe Erotik. Eine Frau, die sich in ihrem Körper wohl fühlt, kann in der Liebe machen, was sie will, es wird immer schön sein. Ich glaube, wenn Erotik in den Beziehungen zwischen den Menschen Platz hätte, wenn Frauen mit Recht erotisch selbstbewußt sein dürften, ohne damit zum Lustobjekt zu werden, hätten wir viel erreicht. Und es käme uns Prostituierten zugute, denn dann könnte man uns nicht mehr zu Flittchen machen.«

Wenige Tage darauf klingelte mein Telefon. Gudula am Apparat, aus Berlin: »Barbara ist hier. Wir würden gern nach Hamburg kommen, könnten wir bei dir für zwei Tage unterkommen? Du weißt doch, wir sind beide klamm.« »Was für eine Frage! Natürlich könnt ihr kommen. Ich freu mich!«

Ach du Scheiße! Wie ein Wahnsinniger schaffte ich wenigstens eine gewisse Übersicht über meine Unordnung. Kaufte ein, raste zum Waschsalon in der Simon-von-Utrecht-Straße, denn saubere Bettwäsche hatte ich natürlich auch nicht, keine sauberen Handtücher für Gäste. An der Ecke nahm ich frische Blumen mit. Fensterputzen war mir gar nicht erst eingefallen. Und da waren sie dann auch schon! Gudula wie immer, grazil, gestreßt, lieb und in jeder Hand eine Tasche. Hinter ihr Barbara, etwas unsicher, fast scheu. »Kommt doch erstmal rein und setzt euch. Der Kaffee ist gleich fertig!«

Ach du meine Fresse, dachte ich im ersten Augenblick. Das ist ja 'ne Walküre. Da kracht bestimmt das Bett zusammen! Mit der Einbaudusche sah ich sie auch schon zusammenbrechen, stellte sie mir vor: festgeklemmt in meinem engen Klo; sah sie sich seitlich durch die Tür zum Garten durchzwängen, schnaufend unter der durchgebrochenen Hollywoodschaukel liegen. Gott sei Dank, ich hatte gar keine. Und dann kam sie auf mich zu, vertraulich lächelnd, um mir die Hand zu geben. »Eigentlich heiße ich Mireille, aber alle nennen mich Barbara. Darf ich mich setzen? Mir tun die Füße weh!«

Ein weiches, ruhiges, schönes Gesicht sah mich an. Wie der Händedruck war, habe ich vergessen. Es war dieses offene, klare Gesicht. Und sofort verschwand diese Massigkeit, die Unförmigkeit ihrer Gestalt, die geschwollenen Füße in den offenen chinesischen Sandalen. Irritiert schenkte ich den beiden Kaffee ein. Sie wollte sich in der Nacht mit anderen Frauen treffen, wollte Erfahrungen austauschen mit Betroffenen, reden, aus ihrem Buch lesen. Nur Frauen unter sich, Männer unerwünscht. Monate später schrieb Gudula mir diesen Brief.

»Lieber Hans, es wird wohl ein etwas schmerzlicher Prozeß werden, mir all die Erinnerungen an den Besuch von Barbara, die ja in Wirklichkeit Mireille heißt, wieder wachzurufen. Barbara, die ihre Geschichte, den Kampf der Lyoner Prostituierten gegen die Repressionen der Polizei und die Kirchenbesetzung von St. Nizier so bewegend in ihrer Autobiographie *Die geteilte Frau* beschrieben hat. Barbara, die seit fünf Jahren vergeblich versucht, sich abseits der Prostitution eine neue Existenz aufzubauen, und immer wieder daran gehindert wird. Barbara, eine Kämpferin, der bis heute übelgenommen wird, daß sie sich nicht dafür entschuldigt, Prostituierte gewesen zu sein, sondern die erhobenen Hauptes sich dazu bekennt und für sich fordert, wie jede andere Frau als Frau gesehen zu werden.

Als ich ihr Buch in Deutschland herausbrachte, haben wir beschlossen, eine Lesereise durch Deutschland zu organisieren. Wir wollten den Film von der Kirchenbe-

setzung zeigen und mit dem Publikum über die Situation diskutieren. Wir wollten kein Mitleid erregen, wir wollten die Öffentlichkeit mit der Realität der Prostitution konfrontieren, jenseits von roten Lämpchen und schwarzer Unterwäsche, abseits der Klischees.
Barbaras Wunsch war es auch, in den größeren Städten mit Prostituierten zu sprechen, sich über ihre Arbeitssituation zu informieren, ihnen von der Kirchenbesetzung zu erzählen. Sie wollte nicht nur einem intellektuellen Publikum als exotisches Tierchen vorgeführt werden, sie wollte mitten auf den Kiez.
Diese Treffen zu organisieren war nicht leicht, denn Prostituierte sind mißtrauisch und haben mehr als einen guten Grund dafür. Sie wagen sich noch eher in eine öffentliche Lesung, wo sie nicht erkannt werden, als in einen sogenannten Treffpunkt für Prostituierte. Zusammen mit der Mitternachtsmission, die am Hamburger Berg 26 eine Prostituierten-Beratungsstelle mit dem Namen ›Kaffeeklappe‹ unterhält, haben wir Frauen vom Kiez zu einem gemeinsamen Abend mit Barbara eingeladen.
Bei Pralinen und Wein saßen wir dann mit ungefähr zehn Frauen zusammen und zeigten erst einmal den Film über die Kirchenbesetzung. Die anwesenden Frauen, das zeigte sich auf den ersten Blick, hatten schon viel durchgemacht. Ihre Gesichter trugen Spuren von Mißhandlungen, Backenknochen waren geschwollen und von Brüchen nur schlecht geheilt, die Augen müde und auch hoffnungslos. Einige Frauen strahlten eine Art gutgelaunter Resignation aus, wenn so was überhaupt möglich ist. Viele waren schon älter und lange im Beruf, verdienten jetzt weniger als früher und wurden doch von ihren Beschützern immer wieder losgeschickt. Es war ein trauriges Bild, ein Schwarzweißbild mit scharfen Konturen, ein Bild der Ausweglosigkeit. Besetzungen, meinten die Frauen, wären auf

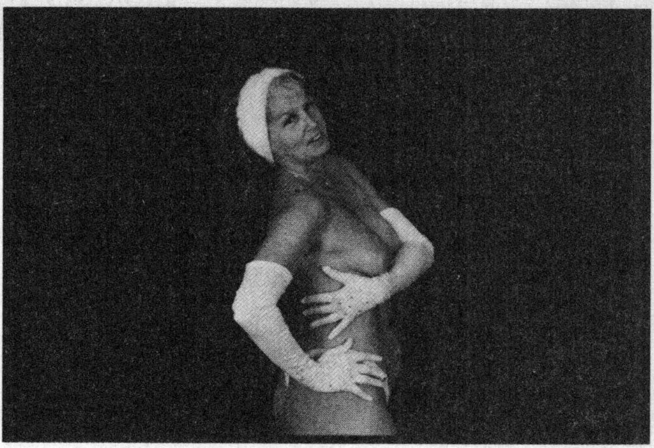

dem Hamburger Kiez gar nicht möglich. Da würden die ›Freunde‹ sofort ihre Kumpels aus den anderen Städten zusammentrommeln und die Frauen wieder zur Arbeit zwingen.

Sie alle fanden die Aktionen der französischen Kolleginnen ganz toll und konnten sich Gleiches dennoch nicht vorstellen. ›Der Kiez‹, sagte Barbara, ›ist in der eisigen Umklammerung von Zuhältern, das habe ich sofort gespürt. Man merkt es förmlich, wenn man durch die Straßen geht.‹ Sie spürte die Organisation, die Loddelherrschaft fast körperlich, als wir durch die Straßen gingen, und es machte sie sehr unglücklich, deutsche Kolleginnen zu sehen, die verbraucht, nach jahrelanger Arbeit arm und ohne Aussichten auf einen ruhigen Lebensabend dahinlebten. Wir haben an diesem Abend das Schattenbild der Prostitution gesehen, das der älteren Frau, aufgeschwemmt durch Alkohol und Medikamente, das einer Frau, die ihren Körper durch die jahrelange Schwerstarbeit ruiniert hat, die gewohnt ist, in Kälte und Regen zu stehen, deren Heimat der Kiez ist, die von der Gesellschaft verachtet wird.

Diese Frauen hatten nicht viel Gemeinsames mit all den jungen Studentinnen oder selbstbewußten Frauen, für die das Anschaffen eine Möglichkeit ist, schnell an gutes Geld zu kommen, um sich eine Ausbildung zu verschaffen. Sie hatten nichts Gemeinsames mit diesen jungen Frauen, die dank ihrer Ausbildung und ihres Lebenszusammenhangs selbstsicher genug waren, sich keinem Beschützer auszuliefern.

Diese Frauen haben alle nur einen Wunsch, ein Heim, einen Mann, der für sie da ist und den sie verwöhnen können. Auch wenn er sie manchmal prügelt, sagten sie, Hauptsache er ist da und bei mir. Sie sehnen sich nach einer kleinen Wohnung, nach einem kleinen geregelten Einkommen, nach Ruhe und Geborgenheit. Und gerade dieser einfache Wunsch, dieser Traum von einem kleinen bürgerlichen Glück war und wird vorläufig immer wieder eine gute Chance für die sogenannten Beschützer sein, ihre Frauen auszubeuten und auf die Straße zu schicken. Ein Teufelskreis.

Prostituierte, ob in Frankreich oder in Deutschland, haben lernen müssen, sich selbst sehr weit zurückzunehmen, die ständige Verachtung der Gesellschaft, herablassende Behandlung durch Behörden und der ewige Status, ›Bürger zweiter Klasse‹ zu sein, bringen diese Frauen schließlich dazu, sich selbst nicht mehr als Frauen mit allen Rechten zu sehen. Sie haben von sich selbst eine geringe Meinung.

Ihnen ein Stück Selbstbewußtsein zurückzugeben, Stolz und Selbstsicherheit, das war mit ein Anliegen dieses Abends. Zu zeigen, daß andere Frauen in der gleichen Lage es wagten, den Kampf mit Polizei, Behörden und Ministerien aufzunehmen, an die Öffentlichkeit zu treten und eine Diskussion über ihre Arbeitsbedingungen anzuzetteln hieß auch, ihnen Mut zu machen. Und obwohl einige Frauen schon bald wieder gehen mußten, weil sie noch die Nacht zu arbeiten

hatten, war doch am Ende des Abends sichtbar, daß allein das Wissen darum, daß andere Frauen es GEWAGT hatten, ein ganz kleiner Schritt in Richtung ›Wir sind Frauen wie andere auch‹.«
Die zwei Tage vergingen wie im Fluge. Sogar schönes Wetter hatten wir. Geredet wurde wenig. Freunde hatten sich getroffen, das war's. Irgendwann rief Gudula das Taxi. Von meiner Großmutter hatte ich noch ein kleines goldenes Herz an einer schönen alten Kette, das habe ich Barbara durchs offene Taxenfenster in die Hand gedrückt.

Nur dieses Leben, das ist St. Pauli

»Laß die Pfoten weg von dieser bekloppten Alma, die linkt dich sonst aus der Hüfte, daß dir die Spucke wegbleibt«, hatte mir Stullen-Paul geraten, der nachts immer mit seinem Stullentablett von Kneipe zu Kneipe zieht. Camembert, Jagdwurst oder gekochte Eier, Schweinemett oder Tomate auf Schwarzbrot, jede Stulle zwei Mark, in kleinen Zellophantüten abgepackt. Eigentlich ist er ganz verläßlich, von ihm stammte auch der Rat, da mir immer so leicht meine Schnürsenkel rissen, sollte ich sie über Nacht in essigsaure Tonerde legen. Es hat geholfen. Und nun so was. Laß dich nicht besoffen quatschen, beschloß ich, finde es alleine raus.
Hetty hieß früher Herbert. Heute hält sie auf ihrem Ausweis den Vornamen mit dem Daumen zu, was ich affig finde. Dreimal vorbestraft, wegen Körperverletzung. Einmal weil ihr ein älterer Türke an den Arsch gefaßt – ohne Bezahlung –, und sie ihn mal kurzerhand »abgerammt« hatte, links und rechts eine saftige Schelle wie Bud Spencer, sogar ihr synthetischer Diamantring ging zu Bruch und dann noch eine gezielte Pumpsspitze in die Eier, das reichte, damit er rückwärts eine mittellange Kellertreppe »hinunterrutschte, die gesamte Schmuckstraße kreischte einen Tusch«. Hettys Pech war, daß Mustafa ein paar Zeugen aus seinem Heimatdorf auftreiben konnte. Ein paar Finger zuviel gingen in die Luft, und die schwere Körperverletzung wurde somit aktenkundig, zu ihrem Nachteil, »denn jede Tante im Sperrgebiet macht natürlich 'ne Fliege bei so was, bevor die Schmiere kommt. Also stand ich allein im Regen!« Acht Monate auf Bewährung und tausend Mark Geldstrafe in Raten »per Zahlkarte jeden Ersten«. Klar, daß sich »keiner die Mühe gemacht hat, auf meinem Arsch nach Fingerabdrücken zu suchen«.

Von diesem Fall erfuhr ich, nachdem ich mehr als zehn Monate auf dem Kiez gelebt hatte, jede Nacht auf der Pirsch. Denn die rotweiße Neonreklame, die gleich nach Einbruch der Dunkelheit durchs Fenster ein riesiges Streifenmuster an meine Wand warf, ließ mich sowieso nicht schlafen. Coca-Cola-Reklame, mitleidlos und riesig, auf der abgeduschten, tropfenden Haut, auf dem Bücherregal an der Tür zur Kochnische und zum Brausebad. Hochgezogen an einer ganzen Hauswand und ausgerechnet gegenüber von meinem Fenster.
Hetty: An ihrem rechten Schneidezahn fehlte eine Ecke, ihre brünetten Kräuselhaare, Natur aus der Tube, lockte eine angejahrte Ondulierschere mit Wackelkontakt. Hettys langjähriger Beschützer war der Anführer einer Gang taschengeldloser Jugendlicher, spezialisiert auf Eierdiebstähle, kleinere Brüche »mit Kuhfußeinsatz«. Automaten, die dann aufgebrochen hinter der alten Fischhalle in der Elbe versenkt wurden. Ein simples Strickmuster: Einer steht Schmiere »ruckzuck, das Ding von der Wand, zack, den Automaten auf den Lkw, runter damit zum Fischmarkt und geplündert. Hatten die Bock drauf. Die Dinger waren schwer aufzukriegen, die schlankeste Hand mußte die Zigaretten rausfummeln. Mehr als hundert Mark waren da nie drin. Und dann das Ganze immer noch geteilt durch vier oder sechs, zuwenig Asche für das Risiko. War eigentlich nicht meine Tour, ich hatte immer Schiß, daß was aufplatzt. Zwanzig Markstücke für jeden und mit Glück dreißig, vierzig Schachteln Zigaretten, und dann waren wir alle auch noch Raucher, fünf, sechs Automaten pro Nacht, mehr war nicht drin. Aber bis aufs Benzin hatten wir ja keine Unkosten. Die Ersatzteile für unsern alten VW holten wir uns immer aus dem Freihafen, wenn die gerade wieder neue Wagen nach Übersee verschifften, bauten wir einfach ab, neue Räder, Scheibenwischer und so. Die alten Räder stellten wir dane-

ben. Klappte immer. Aber die machten auch jeden Scheiß, einmal knackten sie einen VW nur wegen so 'nem popligen Autoradio, das dann gar nicht ging. War wohl mehr Abenteuer und Langeweile als Profit.«
Ihr verhinderter Yorkshire-Terrier war ihr ausgebüxt, und ich hielt ihn auf. So kamen wir ins Gespräch, beschnupperten uns. Zu dem Zeitpunkt hatte sie bereits ihren letzten Freund verlassen. »Bin doch nicht seine Putze oder sein Kindermädchen! Soll sich doch selber seine Mitesser ausdrücken!« Nach einem phonträchtigen Mietwohnungskrach hatte er sie splitternackt und leicht eingedellt auf die Straße geschmissen, eine fliederfarbene Kittelschürze hinterher.
Und Hetty war gegangen, barfuß durch das halbe St. Pauli – die Septembernächte in jenem Jahr waren noch nicht so kalt –, zu einer Freundin aus der Bordsteinzunft, ambulantes Gewerbe ohne Bockschein, so mehr Gelegenheitsnummern. Charlotte: warmherzig und praktisch, »Haushaltsgeld aufbessern«, nannte sie das, in der Rendsburger Straße. »Du nimmst jetzt erstmal 'n heißes Bad und 'n Eiswürfel für deine aufgeplatzte Lippe, da geht die Schwellung von weg. Obenauf noch 'ne Aspirin, hilft gegen Kopfweh.« Als ihr »Beschützer» sie Stunden später ausfindig gemacht hatte – »die Buschtrommeln funktionieren auf St. Pauli wie 'ne Eins!« – und zurückholen wollte mit einem Arm voller Klamotten, hatte sie ihm aus dem offenen Fenster Charlottes frischgekochte Erbsensuppe, Ration für drei Tage, über den Kopf geschüttet, noch lauwarm »mit Snuten und Poten«. Das war das Ende ihrer langjährigen Beziehung. Danach versuchte sie mit Charlottes Hilfe wieder auf eigene Füße zu kommen, an die Vergangenheit anzuknüpfen, mit frisch aufgeschweißten Fingernägeln, weil sie ihre eigenen bis an die Grenzen des Abbeißbaren runtergenagt hatte, »aus Nervosität«.

Aus vielen dieser Einzelheiten setzt sich ihre Geschichte zusammen, größere Zeitabläufe liegen dazwischen. Nachtleben mit allen Vor- und Nachteilen: »Pfeif du dir mal jede Nacht anderthalb Flaschen Weinbrand in die Figur, ohne aus den Nähten zu gehn. Ich habe Appetitzügler gefressen wie ein Weltmeister, damit ich wenigstens in meinen Kleidern blieb.« Oder Gelegenheitsjobs im Hafen als Kraftfahrerin. Und irgendwann gab sie mir mal den Zweitschlüssel zu ihrer Wohnung, »falls mir mal was passiert«. Daß ich später mal im selben Hinterhaus in der Seilerstraße eine Wohnung nehmen würde, preiswerter als die andere am Hans-Albers-Platz, wußte ich damals noch nicht.
Hettys Kochkünste waren fabelhaft, besonders ihre Kohlrouladen, zu der man sie erst mühsam überreden mußte. »Da fummle ich stundenlang dran herum, und du frißt sie in weniger als zwanzig Minuten.« Unser Ton wurde immer vertraulicher, nach und nach erfuhr ich Details aus ihrer Familie, aus ihrer Schulzeit, von ihren Minderwertigkeitskomplexen, »eben doch keine ganze Frau zu sein, so mit allem Drum und Dran, mit umgeschriebenen Papieren«, das erstaunte Augenbrauenzucken bei einer Verkehrskontrolle: »Fahren Sie doch mal rechts ran, das müssen wir uns mal bei Licht ansehen.« Das mühsam zusammengesparte und in Wertsachen angelegte Geld für »die Operation« hatte ihr »ein Freund« eines Nachts, als sie bei der Arbeit war, »mitgehen lassen samt Kassette«.
Hetty mit ihren mimosenhaften Anwandlungen und ihrem neuweiblichen Geltungsdrang. Ich hatte damals noch keine Ahnung, daß ich einmal um vier Uhr früh, auf ihre gellenden Hilfeschreie hin, barfuß mit Bademantel und gezücktem Harakirischwert durchs stille Treppenhaus rasen, zwei Stockwerke hoch und gegen ihre Tür trommeln würde, Schreckensvisionen von Mord und Todschlag im Hirn. »Hetty, Hetty, was is'n

los, mach die Tür auf, sonst tret ich sie ein!« Und als sie dann kreidebleich, kaum was an und voller rotstriemiger Würgemale zitternd vor mir stand – ein Typ hatte wohl seine Potenznöte entgleisen lassen –, da wußte ich, daß ich für dieses halbaufgelöste Stück Unglück sehr viel Zuneigung empfand.

Hetty hatte so ihren pfiffigen Witz, wenn sie ins Erzählen kam, eine schnoddrige Direktheit, die mich, jedenfalls zu Anfang, verblüffte: »Ich bin in der Seilerstraße geboren, im Hinterhof, auf St. Pauli aufgewachsen und auch zur Schule gegangen. Seilerstraße natürlich. Das letzte Schuljahr auf der Kleinen Freiheit, weil unsere Klasse durch Sitzenbleiber so abgenommen hatte, da waren wir nur noch vierzehn. Wir wurden dann auf zwei Schulen verteilt.

Ich bin froh, daß ich hier geboren wurde und aufgewachsen bin. Ich habe dadurch eine gewisse Selbständigkeit und sehe alles mit ganz anderen Augen. Nehmen wir doch nur mal die Drogenszene. Wenn ich in Barmbek groß geworden wäre oder in einer anderen Stadt, hätte ich vielleicht aus Neugier Drogen genommen. Aber auf St. Pauli habe ich alles schon von Kindheit auf kennengelernt: Alkohol, Nutten, das habe ich alles vor Augen gehabt und habe gesehen, wie solche Leute abstürzen. Ich habe das Gefühl, daß ich deswegen eine gewisse Schutzmauer um mich rum hatte, weil ich das alles schon von Kindheit an miterlebt habe, das Elend von St. Pauli, die alltägliche Kehrseite, den Lebertrip, den Gehirnkoller. Wenn du jeden Tag durch die Straßen läufst, dann macht es einen nicht mehr neugierig, du bist ja da reingeboren. Einmal bin ich von St. Pauli weggezogen, da war ich der unglücklichste Mensch, zwei Monate später war ich wieder hier. Ich bin nach Volksdorf gezogen, in die Walachei. Ich bin nicht einen Abend dort gewesen. Nachts die letzte U-Bahn oder morgens die erste, ich hielt es dort nicht aus.

St. Pauli: Das ist mein Zuhause. Hier kenne ich jeden Winkel und jede Ecke. Ich gehe oft durch die Straßen und sage, guck, hier war früher das und das, und heute stehen hier die Scheißneubauten. Früher waren das kleine Milchläden, das gibt es alles nicht mehr. Die Geschäfte nebeneinander und der Trubel, irgendwie brauche ich das. Wenn ich mir vorstelle, ich sollte jetzt in so einem kleinen Kaff wohnen, ich wäre todunglücklich. Mich reizt an St. Pauli nicht das Nachtleben, nicht die Gastronomie oder so was, nur dieses Leben, das ist St. Pauli.
Eine Freundin von mir, die auf den Strich geht und sehr viel Geld verdient hat, also das Fünf- und Zehnfache von dem, was andere Frauen verdienten, die also wirklich anschaffen konnte, ohne groß was zu bringen mit den Freiern, weil sie sich ja nicht ausziehen konnte wegen ihrer Dickleibigkeit; die hat alles Geld ihrem Kerl in den Hintern gesteckt. Und da habe ich zu ihr gesagt: ›Bunker doch mal, mußt doch was beiseite schaffen, damit du ein paar Mark für dich hast!‹ Und da sagt sie: ›Ja, mach ich.‹ Und dann hat sie einen Tag siebenhundert verdient in drei, vier Stunden. Also, das ging ruckzuck, und wir wollten zum Dom. Sie hat vierhundert Mark hinter der Fußleiste versteckt. Ihrem Kerl hat sie dreihundert hingelegt und gesagt: ›Ich möchte mit Hetty zum Dom gehen, ist nichts los draußen!‹ ›Na ja‹, sagt er, ›ist gut.‹ Und dann fing sie an, sich zu schminken, und mit einemmal sagt sie: ›Ach du, Schatzi, ich hab da noch eine Überraschung für dich, guck doch mal hinter die Fußleiste.‹ ›Wie, wo?‹ sagt er. ›Na da, hinter die Fußleiste.‹ Und dann macht er diese Plastikfußleiste ein Stück ab und holt die vierhundert raus. Sie hat aus Dankbarkeit erstmal ein paar aufs Maul gekriegt, weil sie gebunkert hat. Und den Dom, den konnten wir dann auch streichen, sie mußte noch mal runter für drei oder vier Stunden. Ich sag: ›Wie kann

man so bekloppt sein, warum machst du das? Der war doch mit dreihundert zufrieden.‹ ›Ja‹, sagt sie, ›ich war so mitteilungsbedürftig.‹

Susi hat ein Nuttengesicht, ein typisches Freiergesicht: puppenhaft und pausbäckig, und sehr schöne Zähne, das reißt sehr viel raus. Und dann kommt der Körper. Der ist bombastisch. Man kann es nicht beschreiben. Im Umfang bestimmt einsfünfzig bis zwei Meter, und das Ganze wird geschnürt bis zum Gehtnichtmehr. Früher – heute macht sie das nicht mehr – früher hat sie auf dem Strich Korsagen getragen und nichts weiter an. Oben natürlich alles ausgepolstert. Dann hat sie sich den Bauch halb hochgezogen, Brust hatte sie damals nicht sehr viel. Und bei ihrer Figur mußte sie ja einen großen Busen haben, und das hat sie sich ausgepolstert, aber oben, das war quasi alles ihr Bauch. Sie hat zu der Zeit keine Hormone genommen und lief am Tage als Mann rum. Ich wußte das nicht, als ich auf den Strich gegangen bin – die rannte und rannte und hatte einen Freier nach dem anderen –, die stand keine fünf Minuten an der Ecke, dann hatte sie den nächsten Gast. Die hat pro Nacht zwanzig, dreißig Gäste abgefertigt und ein irres Geld verdient. Und dann haben sie zu mir gesagt, die mußt du mal nachher sehen, wenn die fertig ist mit arbeiten, dann zieht sie sich um als Mann. Ich hab sie nicht wiedererkannt, nur an ihren Hunden, sie hatte damals zwei Pudel. Da kam also ein kleiner pausbäckiger Kerl an, mit sehr wenigen Haaren auf dem Kopf, und das war dann Susi.

Früher, als sie noch keine Hormone nahm, war sie behaart auf dem Rücken, auf der Brust, überall. Die mußte ich ihr dann mit einer Haarentfernungscreme abmachen, an den Rücken kam sie ja nicht ran. Bis vor vier, fünf Jahren ist sie am Tage noch als Mann gelaufen, in so 'nem urigen Pelzmantel, sie fand wohl auch nichts anderes – so 'n Karnickel, damit lief sie rum.

HOTEL
DANCING
HOTEL
Safari
HOTEL

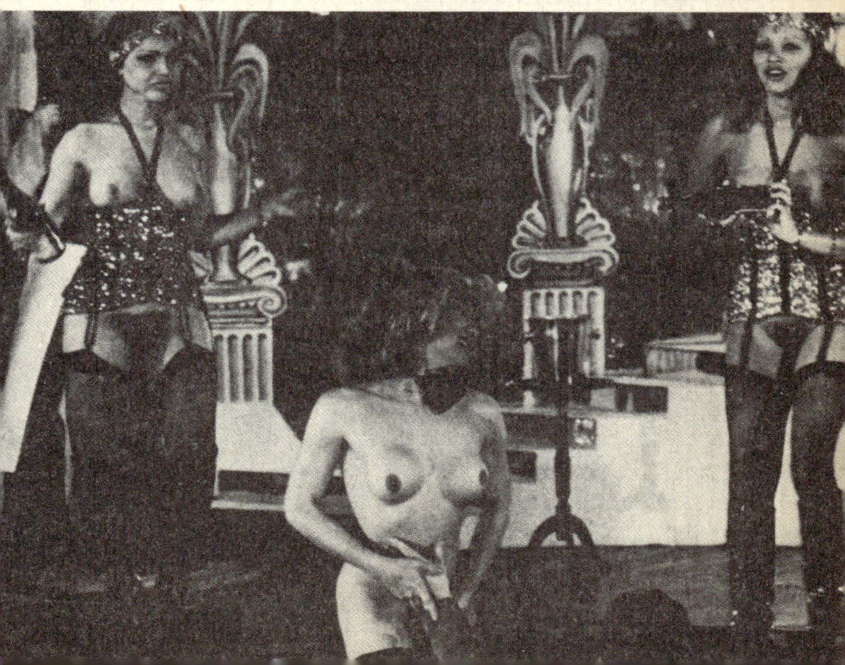

Sophia ist ein Transvestit aus Panama, dunkelhäutig... cremefarben, kann man wohl besser sagen. Wenn sie zurechtgemacht ist, sieht sie sehr gut aus. Hat eine tolle Figur, dank Silikon. Sophia zog in meine frühere Wohnung ein und kam morgens zum Frühstück. Das ging folgendermaßen: Ich hatte mir sehr viele neue Sachen gekauft, unter anderem für die Küche eine Eßecke – ein Rauchglastisch mit Chrombeinen und Chromstühle mit braunem Velourssamt. Es war zwar nicht viel, aber es kostet ja alles Geld, und ich war da auch ein bißchen stolz drauf, daß ich das alles so schön hatte. In einem Altbau eine schöne moderne Küche. Und Sophia brachte sich ihr Frühstück mit: Marmelade, hauchdünne Speckscheiben, die mußte ich ihr braten, und gekochte Eier. Ich hatte den Tisch gedeckt, aber die Teller hätte ich mir sparen können. Der Teller blieb sauber, doch der Tisch war hinterher verhunzt, klebrig und backsig. Sie fing an, Brötchen und alles direkt auf dem Tisch zu schneiden. Und ich sagte immer: ›Sophia, mein Tisch, mein Tisch.‹ Und sie hatte so 'n Spruch, sagte immer: ›Ach, Darling, macht doch nichts.‹ So ganz lieblich: ›Ach, ist doch nicht schlimm.‹ Sie brachte es fertig und knallte sich auf ihr mit Marmelade beschmiertes Brötchen eine Scheibe kroß gebratenen Speck, und darauf kam noch das weichgekochte zermatschte Ei. Zwischendurch rutschte ihr die Hälfte auf den Tisch, und dann immer mit einem Augenaufschlag, ach, ist doch nicht weiter schlimm. War ja auch nur mein Tisch, auf dem sie da mit dem Messer rumkratzte. Ich fahr sie an: ›Sophia, wie frühstückst du denn?‹ Und sie: ›Das kommt alles in einen Bauch.‹ Sie selbst sah genauso aus wie mein Tisch: Mund und Hände waren verschmiert, alles war klebrig und backsig. Nach jedem Frühstück war ich fix und fertig. Es war die wahre Pracht. Dann ihr Gesicht. Wenn sie geschminkt war, sah sie ja sehr schön aus. Aber wenn sie nicht geschminkt war, dann entstellt ja Silikon, und dann ihre Bartstoppeln; die sie immer gezupft hat, das sah alles so urig aus. Das war kein Bart und war doch ein Bart. Da kam ein Haar raus und überall die Narben vom Epilieren. So saß sie da und hatte immer noch so 'ne komische schlabbrige Hose an, Typ alte Trainingshose, unten mit Schnürbündchen und mit riesengroßen Taschen. Das Ganze stand in den Hüften irrsinnig ab, wenn man die Hände reinsteckte, konnte man die Arme ausbreiten. Dann hatte sie 'n T-Shirt an, was ganz lang war bis zu den Knien, an der Seite mit einem Knoten gebunden, und so kam sie mit einfachen Latschen ohne Strümpfe hochgewankt zu unserem gemeinsamen Frühstück.

Gina ragt so ungefähr an die zwei Meter ran. Figur hat sie wie eine Leberwurst. Stimmt hinten und vorne nicht. Ein bildschönes Gesicht, aber eine unmögliche Figur: vorspringender Arsch und vorstehender Bauch, paßte alles nicht. Ich war damals Putzfrau bei ihr und hab Aushilfe gemacht, nachts mal 'n Springer. Aber hauptsächlich war ich Putzfrau bei ihr.

Einmal sollte sie zu 'ner Gala bei einer Gaststätteneröffnung draußen bei Buxtehude irgendwo auf dem Land. Da sie keinen Führerschein und kein Auto hatte, sollte ich mit hin, um sie mit ihren Schlangen zu fahren – sie trat mit Schlangen auf. Ich fragte sie, was ich denn anziehen sollte, ich mußte ja ins Lokal mit rein. Und sie: ›Zieh dir mal ein Abendkleid an, die kommen alle im Abendkleid.‹ Das habe ich denn auch gemacht, hab oben was reingepreßt, weil das ziemlich luftig war. Gina hatte auch ein uriges Abendkleid an: schwarz – Ausschnitt konnte sie nicht tragen, weil sie trotz ihrer bombastischen Figur so gut wie gar keine Brust hatte, also oben total flach. Die Schuhe, Größe 46, guckten unterm Abendkleid raus.

Dann ihre Schlangen hinten bei mir drin. Ich hatte einen kleinen Sportwagen mit Heckklappe, also die Schlangen, die saßen mir direkt im Nacken. Ich hatte eine tierische Angst, ich war nur im Rückspiegel. Und dann sind wir angekommen. Gina in ihrem Abendkleid mit einem weißen Pelzjäckchen, das war wohl mal Nerz, aber viele Haare waren nicht mehr dran. Und bei ihrer Länge wirkte diese kurze Jacke wie ein Bolero. Mit Ärmeln, die sollten ursprünglich dreiviertellang sein, aber bei ihrer Figur gingen die nur bis zum Ellbogen. Dadurch schienen die Arme noch länger, und jetzt die Jacke, die unter der Brust aufhörte, wo sie sowieso keine hatte. Ich mußte lachen. Das Kleid war auch nicht auf ihrem Mist gewachsen, das war mindestens zwanzig Zentimeter zu kurz, reichte nur bis oberhalb der Knöchel. Da guckten ihre Riesenlatschen voll raus. Sie kriegte ja mit ihren Füßen sowieso kaum Schuhe, hohe schon gar nicht bei Größe 46. So sind wir also da angekommen. Ich hab mich an den Tresen gestellt und hatte gleich einen netten Bauern neben mir, der mir flott einen nach dem anderen ausgeben wollte, was ich natürlich nicht annehmen durfte wegen der Rückfahrt. Ich hab da nur dran genippt. Und dann kam Gina ›La Bomba‹ – so nannte sie sich – mit ihrem Schlangenauftritt. Sie hat 'ne Pluderhose angehabt und einen Bolero, aber ganz bunt. Sie sah aus wie 'ne türkische Tänzerin, alles bunt, und das Fett, das sie durch ihre unmögliche Figur hatte, preßte sie mit 'ner Brusthebe raus, das sah immer noch nach nix aus. Sie ließ sich durch Lautsprecher ankündigen wie ein Star. Nun hatte ich sie ja nie tanzen gesehen. Ich hatte immer nur von ihr gehört – um die halbe Welt, Spanien und wo sie überall war, und überall Beifall, Applaus und daß sie ohne die Bühne nicht leben könne – ich hab wunder gedacht, was sie auf der Bühne macht und wie toll sie ist.

Jetzt kam dieser Trampel da auf die Bühne. Es war zum Lachen. Der Bauer, der sagte zu mir: ›Nun guck dir die an.‹ Der Bauer hatte nicht gemerkt, was mit mir los ist.

Jetzt aber ging's los. ›Die hat ja keine Brust, der Bauch ist ja mehr als obenrum, die ist ja völlig unförmig!‹ Sie fuchtelte mit ihren Schlangen rum und kriegte mäßigen Anstandsapplaus. Drehte sich – das war überhaupt ihr ganzer Auftritt –, sie drehte sich immer nur, klatschte in die Hände, setzte ein Grinsen auf, machte einen Knicks, klatschte wieder in die Hände und drehte sich. Sie knickte in die Knie ein, klatschte wieder und lächelte. Und das war dann ihr Auftritt. Zum Schluß nahm sie noch von der kleinen Schlange den Kopf in den Mund. Und die Weiber, die da rumsaßen, die hysterischen, die waren begeistert – oh, oh, oh.
Mit achtzehn hab ich mich selbständig gemacht. Ich übernahm eine kleine Bar von meinem Freund, weil der keine Lust mehr hatte. Er riet mir, ich solle der Partei beitreten: ›Das hilft dir immer weiter.‹ Ich bin also in die SPD eingetreten, hab meinen Obolus jeden Monat bezahlt, bin aber nie zu den Versammlungen, weil ich politisch überhaupt keine Ahnung und auch kein Interesse hatte. Ich hab mein Parteibuch gehabt und meine Marken da drin. Es kam regelmäßig einer vorbei und kassierte ab. Ich weiß nicht mehr, wieviel das war. Ich hab auch mal ein paar Mark extra gegeben, die Bar lief früher sehr gut.
Einmal hatte ich Schwierigkeiten mit der Sperrstundenüberschreitung. Drei Zuhälter saßen im Laden. Ich wollte längst Feierabend gemacht haben und hatte nun die drei Zuhälter da. Wenn du alleine bist, ist das immer so 'ne Sache: Kriegst du überhaupt Geld, kriegst du nichts, bleibt der Laden heil? Also, diese Angst im Nacken. Und die saßen da und waren am Saufen – flaschenweise Bacardi, Bacardi, Bacardi und noch 'ne Flasche. Ich hab schon Angst gehabt, daß mir der Bacardi ausgeht. Dann hätten sie Aschenbecher in die Spiegel geworfen, wie das eben so ist. Früher war das ja noch ein bißchen anders als heute.

Plötzlich geht die Tür auf, und es kommen zwei Leute rein und setzen sich hin. Ich bin heilfroh, denn wenn jemand da ist, sind die ruhiger, weil es Zeugen gibt. ›Dürfen wir noch was trinken?‹ Ich sage: ›Selbstverständlich.‹ Darauf sie: ›Wirtschafts- und Ordnungsamt.‹ Damals war die Sperrstunde noch um zwei, nicht wie heute vier Uhr. Ich hatte keine Sondergenehmigung, war auch nicht möglich, die gab's nur hier im Kern, aber die Bar lag schon außerhalb davon. Es war vielleicht halb drei, drei, und ich sag: ›So, Behörde, na schön.‹ Ich sag: ›Weil die da so an der Kante sitzen. Ich werd die doch nicht los.‹ Die ließen sich aber auf gar nichts ein. ›Sperrstundenüberschreitung, Sie werden von uns hören.‹ Es kam auch meine Vorladung nach

oben zur Behörde, zu einem gewissen Herrn Tüffel. Den Namen werde ich nie vergessen, den weiß ich noch, wenn ich achtzig bin. Der war etwa 24 bis 26 Jahre alt. Ich war um neun Uhr vorgeladen, was für jemand sehr früh ist, der spät nachts nach Hause kommt. Bin also pünktlich da. Wie man gegangen, so wird man empfangen, hab ich mir immer zum Wahlspruch gemacht. Komm da hoch, klopf an die Tür, wo ich meinte, auf meinem Schreiben gelesen zu haben. Geh rein, da sitzt einer an seiner Kakaotüte – Dreieckstüte, gab's früher noch, gibt's heute leider auch nicht mehr, fand ich immer so schön mit Strohhalm und zwei Brötchen –, hatte sein Frühstück vor sich ausgebreitet. Und ich geh hin und sag, mein Name ist ... und ich hab hier 'ne Vorladung. Der guckte mich gar nicht an, guckte auch nicht auf das Schreiben, sagte: ›Nee, eine Etage höher, Zimmer sowieso.‹ Mit vollem Mund murmelte er mir was zu. Lange rote Haare und 'nen roten Bart und zerschlissene Cordjeans hatte er an, also überhaupt kein Typ fürs Büro.
Ich dackel also eine Etage höher, klopf da an die Tür. War 'ne Frau drin, ich sag: ›Ich soll hier hoch kommen.‹ Sie: ›Können Sie nicht lesen, da steht Zimmer sowieso, das ist eine Etage tiefer.‹ Ich wieder runter zu dem, wo ich gerade war. Da war der gute Herr wohl grad fertig mit Frühstück und sagt: ›Ach ja, da sind Sie ja doch richtig.‹ Da war ich natürlich schon leicht in Braß. Erst mal sowieso noch ein bißchen alkoholisiert von der Nacht zuvor. Ich hatte zu der Zeit meine Jägermeister-Arie, flüssiges Preludin, feuergefährlich. Und er: ›Setzen Sie sich!‹ Hin und her. ›Wie nehmen Sie Stellung dazu?‹ Das war wohl insgesamt meine vierte oder fünfte Sperrstundenüberschreitung, und das summiert sich. Das fängt mit sechzig an und endet oben hoch in den Hunderten. Ich hab versucht, ihm diesen Fall auseinanderzusetzen, daß ich den Laden aus Angst aufgehabt

habe. Und es war ja auch tatsächlich so, es war keine billige Ausrede. Er ließ sich nicht drauf ein. Und dann brachte er nach einer ganzen Zeit diesen dummen Spruch, wenn ich nicht fähig wäre, auf St. Pauli eine Gaststätte zu führen, dann sollte ich doch in den Hafen gehen und Säcke schleppen. Das hat er noch nicht ausgesprochen, da bin ich aufgestanden, hab den Schreibtisch gepackt und umgeworfen, Telefon, Schreibmaschine, alles flog quer durch den Saal. Er wurde hysterisch, fing an zu schreien, Polizei, Polizei, Polizei, kroch auf seinem Papierkram rum, suchte aufgeregt das Telefon. Ich seh ihn heute noch knien und wählen. Da hab ich ganz lässig mein Parteibuch rausgeholt und hab es mir zu Füßen gelegt, vor seine Nase und gesagt: ›Jetzt wollen wir mal sehen, wer am längeren Hebel sitzt. Nun ruf an!‹ Der hat das Parteibuch genommen, hat's zugeklappt und es mir in die Hand gedrückt: ›Na ja, einen Ausbruch brauchen Sie ja auch nicht zu kriegen.‹ Hat seinen Schreibtisch wieder aufgestellt und seine Papiere geordnet. Der Fall verschwand unterm Teppich. Nur durch ein Parteibuch.

Einmal hab ich in der ›Rififi-Bar‹ gearbeitet, ganz alleine. Das war ein kleines Kellerlokal mit großem Schaufenster, das einen halben Meter überm Fußboden anfing. Vor diesem Fenster war in halber Höhe ein verziertes Gitter. Die Tür hatte ich immer abgeschlossen, von innen verriegelt, weil ich nur Gäste reinließ, mit denen ich Geld verdienen konnte, meinen Drink kriegte, eventuell noch ins Séparée, also keine Bierleute, die zwei Stunden am Tresen sitzen.

Eines Abends klingelt's. Ich guck durch den Spiegel. Ist da ein ziemlich junger Typ, Anfang Zwanzig, sieht nicht schlecht aus. Da sowieso nichts los ist, hab ich nichts gegen 'n kleines Abenteuer. Langsam angehen lassen, kannst ihn nicht gleich überfahren. Ich mach also die Tür auf und bin wieder um meinen Tresen

umständlich rum, weil der Tresen – da mußte ich durch den Nebenraum und dann hinten wieder rum, und dann kam ich erst hinter den Tresen. Die Tür hatte einen Drehknauf. Die Tür macht er selbst wieder zu. Und nun steh ich da und frage: ›Was möchtest du trinken?‹ und der versteht mich offensichtlich nicht, was mir hinterher erst zu Bewußtsein kam. Er guckt mich an, als ob ich von sonstwo käme, dreht sich um, hinter ihm war ja direkt die Tür, und will die Tür aufdrücken. Und ich sag immer: ›Drehen, den Knopf drehen!‹
Eine panische Angst muß der gehabt haben. Der hat wohl was Schlechtes über St. Pauli gehört, daß welche im Hinterraum sitzen, Kunden überfallen, oder was weiß ich. Also der muß eine irrsinnige Angst gehabt haben. Er um die Ecke rum bei der Tür, da war ja so 'n kleines Podest, wo zwei Sessel standen und ein Tisch, und da war denn gleich die Scheibe. Er ist auf den Sessel und mir voll durch die Scheibe, hat sich die Pulsader noch dabei aufgeschnitten, voll durch die Scheibe und lag dann da draußen auf der Straße. Schließlich wollte er weglaufen, doch Passanten haben ihn festgehalten, bis die Polizei kam. Das ging bis morgens zehn. Ich konnte sowieso nicht weg, weil ich auf den Glaser warten mußte, habe die ganze Nacht und den Vormittag bei eisiger Kälte da gesessen. Dann kam auch noch die Kripo und hat das Schloß zigmal untersucht. Der hatte behauptet, ich hätte ihn einsperren wollen, er hätte Angst gehabt, und die Tür sei nicht aufgegangen. Ich sag: ›Da ist ein Drehknauf.‹ Ja, ob ich abgeschlossen hätte und alles so Fisimatenten. Und dann stellte sich raus, der war aus Munsterlager, so 'n Ami oder so was. Und die ganze Sache ist im Sande verlaufen. Mein Chef mußte die Scheibe bezahlen, ich die Hälfte, weil der mir die Story nicht abgenommen hat.
Da war noch so 'n Fall, wo ich mir eine Bewährungsstrafe eingehandelt hab. Nur selten hab ich zwei Gäste

auf einmal reingelassen. Denn bei zwei, da ist kein Geld zu verdienen, die trinken ihr Bier, stieren einen an, verscheißern einen, aber zu machen ist da nichts. Aber es war schlechtes Geschäft, und die klingelten und klingelten, und ich wollte sie ursprünglich auch gar nicht reinlassen. Ich rufe: ›Lassen Sie das Klingeln nach, die Tür bleibt zu!‹ Sagt der eine: ›Ach bitte, auf ein Bier.‹ Ich: ›Nehmen Sie erstmal die Hände aus den Taschen, Sie sprechen mit einer Dame.‹ Stand ich ja auch da, wie eine Dame, vom Friseur mit Abendkleid. Ach, denke ich, nimm die zwei Bier mit, ein Bier kam da auch schon auf vier Mark. Ich mußte ja auch abrechnen und konnte ja nun nicht sagen, war gar nichts – wenigstens so 'n bißchen Kleinkram für ihn, für mich lag da nichts drin. Die beiden sitzen also am Tresen, und wir unterhalten uns. Dann bin ich mal rum um den Tresen und setz mich dazwischen, weil wir in einer netten Unterhaltung sind. Ich frage: ›Darf ich 'nen Kleinen mittrinken?‹ Ich wollte doch nicht mal was Teures wie Whisky. Sagt der eine: ›Hm, ja.‹ Der andere schüttelt den Kopf. ›Dann eben nicht.‹ Bin wieder rum um den Tresen. Unterhalte mich aber weiter mit den Leuten, weil ich die Erfahrung gemacht hab, daß man gar nicht lange betteln braucht, wenn man eine lange Unterhaltung hat, daß die dann mit einemmal sagen, schenk dir man doch einen ein. Jetzt setzt sich der eine mit einemmal runter in einen Sessel neben die Musicbox, weil der andere ein persönliches Gespräch mit mir angefangen hat. Und da bin ich wieder rum um den Tresen und sag: ›Was ist denn nun, laß mich doch mal einen mittrinken, zehn Mark, das wirft dich doch nicht aus der Bahn, ich leb doch schließlich davon.‹ Und er guckt seinen Kumpel an, und der schüttelt wieder den Kopf, und das wurde mir dann zu blöde.

Zwischendurch war ein Gast da, ein guter Freier von mir, wo ich hätte Geld verdienen können, und der ist wieder gegangen. Das wäre dann in dieser Nacht mein einziger Gast gewesen. Es war schon gegen Morgen – drei, vier. Jetzt sitzen die an ihrem einen Bier schon über eine Stunde. Da sag ich: ›So meine Herren, ich mach jetzt Feierabend. Darf ich bitte abkassieren, das sind acht Mark.‹ Dann ging das mit einemmal blitzschnell. Die beiden fangen an: ›Wir bleiben noch sitzen, und wir wollen noch ein Bier.‹ Und ich sag: ›Nein, ich möchte Feierabend machen!‹

Mein Chef hat mal zu mir gesagt, wenn du irgendwie Streit hast oder du merkst, es könnte sich Streit anbahnen, dann ruf einfach so nach hinten in den Gang rein, wo es zur Toilette geht und wo noch Privaträume sind, irgendeinen Männernamen. Dann sind die geschockt, die wissen ja nicht, daß da keiner sitzt. Ich also über den Tresen rüber: ›Paul, kommst du mal bitte.‹ In dem Moment springt der vom Sessel auf, rennt an mir vorbei, raus zur Tür. Ich will hinterher, weil ich von dem ja noch vier Mark zu kriegen hatte, da ist der schon verschwunden. Ich will wieder die drei Stufen zurück, da rempelt mich der andere an. Er hat 'ne Bierflasche in der Hand und schlägt nach mir in Richtung Kopf. Ich wehr die Hand ab, greif nach einem Bierglas und hau ihm das auf die Stirn drauf, worauf der verschwindet. Ich war wahnsinnig aufgeregt, bin rüber zum Chinesen und hab mir ein chinesisches Essen geholt. Zurück in den Laden, hab mich hingesetzt und zur Beruhigung was gegessen. In dem Moment kommt die Polizei. Die haben das aufgenommen. Ich habe gesagt, daß ich mich nur selbst verteidigt habe. Von dem anderen war gar keine Rede mehr, nur noch von dem mit der Flasche, und der sagte, daß er den anderen gar nicht gekannt hat. Das Ganze kam dann vor Gericht. In der ersten Instanz wurde ich zu etlichen Monaten auf drei Jahre Bewährung verurteilt. Dann bin ich in Berufung gegangen. Die Staatsanwältin sehe ich heute noch vor mir. Die hatte ganz lange Spinnenfinger, die stand dann da und sagte: ›Es geht ja auch nicht an, daß der Angeklagte, wenn er nichts zu trinken bekommt, aggressiv wird und die Gäste niederschlägt.‹ Nebenbei gesagt, dieser Gast war ein freier Journalist, ich weiß leider seinen Namen nicht mehr. Und der behauptete, ich hätte ihn angegriffen, sie hätten beide ihre Biere getrunken – er hätte sein Bier bezahlt. Ich kam um eine Strafe nicht herum, ich wurde verurteilt auf drei Jahre Bewährung.«

Inzwischen – Jahre sind vergangen – hat sich Hetty zu einer richtigen Geschäftsfrau entwickelt, mit Gewerbeschein und allem, was dazugehört. Ein kleines Ladengeschäft, ausgelegt mit PVC und frisch tapeziert, in einer guten Laufgegend: Schnittblumen, Kränze ... Ab und zu gehe ich mit ihr auf Einkaufstour, morgens gegen fünf in die beiden Blumengroßmarkthallen hinter dem Kuppelbau des Hauptbahnhofs in Richtung Elbbrükken. Hetty, ganz Geschäftsfrau, alles Auffällige zurückgenommen. Der erste Kranz war ein Fiasko, denn sie hatte einen Grundkranz für eine Siegerehrung gekauft. Mit verbissener Wut würgte sie die drahtumwikkelten Nelken in das unnachgiebige Stroh unter der dünnen Grünauflage. Angstschweiß auf der gepuderten, großporigen Stirn. Nach Stunden sah das Monstrum wenigstens wie ein Kranzversuch aus, den Rest verdeckte großmütig die schwarzbedruckte Schleife aus weißer Atlasseide: »Wir werden dich nie vergessen, Frieda und Elli, Bleicherstraße 7«.

Es ist toll, sich wie eine Frau zu fühlen

»Für mich fing's mit Versteckspielen an: erst vor meinen Eltern, dann vor meinem Arbeitgeber. Die ersten künstlichen Wimpern, der erste Nagellack und die Lidschatten, der erste Rock und die geklaute Bluse, der BH meiner Mutter, mit Strümpfen ausgestopft.
Ich wollte eine Frau sein! Wenn man so jung ist wie ich damals, ist es schwierig, an die richtigen Informationen ranzukommen, da hilft dir keiner. Meine erste Kunsthaarperücke vom ersparten Lehrlingsgeld.
So einfach in einem Straßencafé zu sitzen und angestarrt zu werden... vieles mußt du natürlich noch richtig üben, bevor du's geschnallt hast. Aber erstmal sitzt du da, das eine Auge mit Mastix fast zugepappt und den Lippenstift natürlich zu knallig fürs helle Tageslicht. Ich war früh schon stark kurzsichtig, und Kontaktlinsen konnte ich mir nicht leisten. So saß ich mit meinem schwitzenden, viel zu dunklen Make-up in den ersten Hochhackigen aus der Abstellkammer meiner Tante, mit den Pfennigabsätzen, die immer in den Gitterrosten vor den Kaufhäusern steckenblieben, wenn man nicht aufpaßte. Und das alles in der knalligen Vormittagssonne am Wochenende, wenn ich mit der S-Bahn rein in die Stadt fuhr, das zwickende Miederhöschen im Schritt. Bis mich mein Bruder erwischte und alles verpetzte. Krach, Sendepause und Lehre, bis ich endlich volljährig war.
Später hab ich gespart wie eine Geisteskranke für meine Hormonbehandlung. Progynon und Proloton, 100 Tabletten für 130 Mark, dann die Hormonspritzen, acht Mark für eine rectal, wenn du's dir selber machtest. Ging nur über Rezept. Dauerte Monate, bis du endlich weiblichere Formen bekamst. Wurdest unheimlich sensibel davon, der Bartwuchs ging etwas zurück, dafür

schrumpfte dein Glied, und du wurdest quasi impotent. Erst wenn du so drei Monate mit den Hormonen aussetztest, ging's wieder. Meine Brustwarzen waren irre empfindlich, es langte schon, wenn mein Pulli leicht darüber scheuerte. Aber ich fand's toll, sich wie eine Frau zu fühlen.«

Juan, 29, ist Argentinier, Seemann von Beruf, prügel- und sauffest und an die zwei Meter. Tattoos auf den kräftigen Oberarmen, den Körper durchtrainiert bis in die Waden. V-Form in den Schultern, fest und schmal um die Hüfte. Das berühmte Schachbrett unter dem dunkelgelockten Schamvlies und auch sonst alles dran. »Auf dem Arsch könntest du eine Laus knacken.« Unser Gespräch läuft in einer Mischung aus Englisch und Spanisch, freundlich, offen und direkt. Juan steht auf Transis.
Ein verwohntes Eckhaus mit Ein- und Zweizimmerapartments. Kleine Diele, ein Schlafzimmer mit französischem Bett, Schrankwand und kleiner Kochnische. Im Treppenhaus ist meist das Deckenlicht ausgeschlagen, sind die Briefkästen aufgebrochen, liegt Unrat in den Ecken, sind die Klingeln mit den unleserlichen Namensschildern nur den Eingeweihten vertraut.
120 Mark Vorkasse wechseln den Besitzer. Tina, toupiert und dauerblondiert mit Mandraxblick und Captagonzittern, eine Enddreißigerin mit Wildlederstiefeln, Stütz-BH und Wickelrock, stopft sich die Scheine in ihr abgegriffenes Krokotäschchen. »Dann mal los, Jungs, den Fisch machen wir klar.« Ein Zwinkern zu mir, und sie packt Juan am Arm, um die Nase reichlich Acqua di Selva.
Zwei Treppen hoch, dann das geübte Aufschnappen einer Tür. Licht, vom Dimmer hautfreundlich reguliert. Ich verschwinde absprachegemäß ins Bad. »Sag mir Bescheid, wenn ihr soweit seid.« Das Schlachtfeld

ist noch von den Vorgängern zerwühlt, die Situation eindeutig. Tina steht im Nu, bis auf ihren Slip, im Freien. Juan muß erst noch rausgeschält werden. Jacke, Hemd, Unterhemd, Schuhe, die Hose, Socken, die zögernde Talfahrt der übrigen Wäsche. Nervös, aufgereizt und mit schwerem Atem. Feucht die Handflächen, die Muskeln unruhig und zuckend, ein unsicheres Grinsen um den leicht geöffneten Mund. »Normalerweise kobere ich ja bei solchen Typen immer noch was extra, weißt du! Ich bin da ganz direkt: Hose auf, Schwanz raus: Darf ich einen trinken?!«

Juan schwitzt, versteht nichts, liegt ausgestreckt wie ein großer Junge. Bei zweieinhalb mal zweieinhalb Meter Bett fällt keiner runter. Und Tina mitschiffs auf seiner Athletenbrust. Schrundige Hände, die zufassen, und viel weiße Haut, weich, warm und gefügig, das Licht ausgetreten von einem kundigen Fuß ...

Mein Vortappen durch den dunklen Raum mit den zugezogenen Übergardinen von Kepa. Der Griff nach Juans behaarten Männerbeinen, Tina, die mich aufmunternd knufft: »Nu, los doch, ich lenke ihn oben schon ab.« Ein paar Finger Creme aus einer Tube und die ins Dunkle ragenden, hornigen Männerfüße links und rechts hinter meinen Ohren. Die runden, glatten Muskeln mit der nachgiebigen Kerbung, widerstrebende Bereitschaft signalisierend. Sie vorsichtig mit beiden Händen vom Becken her zu mir heranziehend. Tinas flinke Dekorateursfinger massieren sein verspanntes Genick. Ein paar Kilo zuviel ergeben morgen einen kräftigen Muskelkater. Nur gedämpft dringt sein Schmerzlaut durch die Überreife von Tinas Silikonbrüsten, die emsig am Werkeln ist, wie ein Tierweibchen über ihrem keuchenden Jungen. Spanische Brocken von fremden Stimmbändern, salzige Feuchte von Schenkel und Rükken. Langsam löse ich mich aus dieser Schere, tappe zurück ins dunkle Bad, schließe hinter mir die Tür.

»Unsere Kunden sind durch die Bank ›normale‹ Ehemänner aus allen Schichten, zwischen achtzehn und achtzig, die meisten haben Frauen und Kinder und stehen häufig drauf, von uns gefickt zu werden, ansonsten das Übliche. Von dreißig Mark aufwärts, mit Glück kommst du bei einem mit Nachkobern auf zweihundert Mark. Angezogen mit Jacke und Rock mach ich so ungefähr achtzig Prozent meiner Freier. Gummi drauf und gewichst. Nach fünf Minuten tut mir der Arm weh, und ich sag: Wichs selber weiter. Wenn dann kein Geld mehr dazukommt, ist Sense. Gearbeitet wird eigentlich immer mit Gummi. Natürlich geht's auch mal ohne, mit einem Blauen extra.
Im Schnitt machst du deine sechstausend Mark netto im Monat, was nicht heißen soll, daß du nicht auch mal in einer Schicht nur sechzig Mark an Land ziehst. Wir müssen halt aufpassen wegen der Schmiere, weil wir keinen Bockschein haben und alle im Sperrgebiet stehn, Schmuck- oder Talstraße. Nur der Fischmarkt ist an bestimmten Zeiten, ab 20 Uhr frei, aber da gibt's Schlägereien mit den Nutten, die wolln uns nicht. Is die alte Kiste, weil Transis schon immer besser anschaffen konnten als die Prostis. Wir haben nicht so 'ne Hemmschwelle, wir gehn den Männern gleich an die Hose.
Wir oder jedenfalls die Besseren von uns werden auch gern zum Animieren in den normalen Kabaretts genommen, weil wir 'nen viel besseren Umsatz machen. Aber da gibt's natürlich auch Kämpfe zwischen uns und den richtigen Frauen, aus so was entsteht Haß. Denn einige von uns sind da richtig Spitze, mit unseren dunkleren Stimmen gibt's auch keine Probleme, die schieben die Gäste meist auf Alkohol oder aufs Rauchen. Und das Gehänge wird halt geschickt nach hinten geklebt mit Leukoplast. Das ziept am Anfang, aber da gewöhnst du dich schnell dran. Kannst du wieder ablösen mit Waschbenzin. Ist ganz einfach: Die Hoden schiebst du in die

Bauchhöhle, is wie ’ne Tasche, und den Schwanz ziehst du nach hinten durch die Beine. Das Pflaster klebst du hoch bis zum Arsch, ist hautfarben, fällt also gar nicht auf. Den Sack klebst du ringsherum, da entsteht ’ne richtige Mulde, in die du sogar eine Kerze oder ein Seidentuch reinstecken kannst, wenn du Show machst. Fällt fast jeder drauf rein.
Im Augenblick haben wir unheimlich viele Transis hier in Deutschland, die meisten aus Südamerika oder Spanien. Die gehen auf den Strich oder tingeln. Die sind hier als Touristen eingereist und fahren nach drei Monaten, sobald ihre Visa ablaufen, für ein paar Tage nach Holland oder Dänemark. Mit neuen Visa für drei Monate sind sie bald wieder da. Klappt immer. Manchmal mauschelt auch mal ein Konsul mit, wie der am Gänsemarkt, dann kann man sich die Reise sparen. Die kommen immer irgendwo unter: Anschaffen, Nachtleben, Animieren oder Bühne. Zwanzig bis fünfundzwanzig Prozent gibt’s auf die Drinks. Cola mit Rum, Pfläumchen oder Ponys, in der ›Taverne‹, im ›Flesh‹, in den ›Drei Weisheiten‹, in der Schmuckstraße oder in der Großen Freiheit im ›Musikladen‹ oder in der ›Monica Bar‹. Die Besitzerinnen sind meistens Lesben.
Viele von uns wohnen in Absteigen, in kleinen möblierten Zimmern oder billigen Pensionen wie dem ›Derby‹ in der Simon-von-Utrecht-Straße. Gitta wohnt da zum Beispiel und kobert immer noch mit ihren 67, weil ihre Rente als ehemaliger Saucenkoch so beschissen ist. Davon haben wir mehrere. Viele von uns leben mit einem Freund oder ackern für einen, aus Liebe oder zum Vorzeigen. Aber mit’m Freund so richtig zu leben, unauffällig und solide wie Frieda Meyer – beide gehn arbeiten und so –, das gelingt den wenigsten.«

Irgendwann wurde aus Bernd nach einer kosmetischen Brustoperation Bettina. Vorher der normale Werdegang: Schule, Lehre, Angestellte, jahrelang Sozialabgaben. Nach der Umwandlung dann die Arbeit als Barfrau, wieder im Angestelltenverhältnis. Tod des Barbesitzers, und Bettina stand auf der Straße: arbeitslos. Das Arbeitsamt verweigerte das Arbeitslosengeld, denn sie sei auf dem Arbeitsmarkt »nicht vermittelbar», ein gesunder Mensch von 28 Jahren. Dazu ein Auszug der behördlichen Begründung: »Gemäß § 100 Abs. 1 des Arbeitsförderungsgesetzes (AFG) hat Anspruch auf Arbeitslosengeld, wer arbeitslos ist, der Arbeitsvermittlung zur Verfügung steht, die Anwartschaft erfüllt, sich beim Arbeitsamt arbeitslos gemeldet und Arbeitslosengeld beantragt hat. Gemäß § 103 Abs. 1 AFG steht der Arbeitsvermittlung zur Verfügung, wer eine zumutbare Beschäftigung unter den üblichen Bedingungen des allgemeinen Arbeitsmarktes ausüben kann und darf, sowie bereit ist, jede zumutbare Beschäftigung anzunehmen, die er ausüben kann. Das ›Können‹ im Sinne des § 103 AFG ist objektiv zu sehen. Auf die subjektive Einstellung des Arbeitslosen kommt es nicht an. Ein ›Nicht-Können‹ beinhaltet jede Hinderung, soweit sie nicht rechtlicher Natur ist... Unter den üblichen Bedingungen des allgemeinen Arbeitsmarktes wird kein Arbeitgeber in der Lage sein, einen Mann einzustellen, der wie eine Frau aussieht, ohne Frau zu sein. Die Hauptgründe dafür liegen darin, daß es erhebliche Schwierigkeiten bei der Benutzung von Wasch-, Toiletten- und Umkleideräumen gibt, die nach Geschlechtern getrennt zu benutzen sind. Außerdem wäre eine erhebliche Belastung des Betriebsklimas zu befürchten. Bei der Feststellung der Verfügbarkeit kommt es nicht darauf an, ob der Arbeitslose Beitragszahlungen zur Bundesanstalt für Arbeit geleistet hat oder nicht.«

Jetzt lebt Bettina von der Sozialhilfe: Wohngeld für eine kleine badlose Altbauwohnung und ein Tagessatz von zehn Mark. Sie könne sich ja in der staatlichen Nähstube, in der Hamburger Uferstube, sieben Mark pro Tag (für acht Stunden Arbeit durch das Zusammenflicken zerrissener Bettlaken pp. aus den staatlichen Krankenhäusern) dazuverdienen, riet man ihr von behördlicher Seite.

»Irgendwann hatte ich dann so viel Geld gespart, daß ich mir eine Brust machen lassen konnte. Von einer Freundin hatte ich die Adresse bekommen, eine Privatklinik für chirurgische Kosmetik im Berliner Grunewald. Kurzentschlossen meldete ich mich nach einem längeren Telefonat dort an.
Unheimlich aufgeregt. Zuerst mußte ich unterschreiben, daß ich diesen Eingriff auf meine eigene Kappe nehmen würde. War mir egal. Operation, Narkose und Klinikaufenthalt. Sie legten mich in ein Einzelzimmer, dauerte neun Tage bis zum Fädenziehen; die Nachbehandlung dann nochmal drei Monate, bis die Schwellung zurückgegangen war.
Rund 3400 DM hat mich die Operation gekostet. Tiefgefrorenes menschliches Fettgewebe hatten sie mir einoperiert, Silikon wollte ich nicht, die Narben hier liegen genau in der Brustfalte. Es tat wahnsinnig weh die ersten drei Tage, ich konnte nur mühsam auf dem Rücken liegen, weil alles spannte, und ich fürchtete, die Haut könnte reißen. Aber ein irres Gefühl war's doch, trotz der Schinderei: Ich hatte eine eigene Brust! Die ersten Wochen waren unheimlich schmerzhaft, die neue Brust wie ein geschwollener Fremdkörper. Bloß nirgends dranstoßen! Und ich wollte sie allen zeigen.«

Es staubt wie in einer Backstube, die dicke Puderquaste: patsch, patsch, patsch. Und wieder fliegt dir eine Puderwolke um die Nase. Sophia staubt sich wahre Wolken unter die Achseln, links, rechts, links, rechts.

Vor sich einen halbblinden Spiegel und einen mittelhohen Topf mit Stiel, aus dem es nach verbranntem Horn dampft. Eine Schüssel mit lauem Wasser in Griffnähe. Heißes Wachs: mit einem dicken Quast hin und her übers weißgepuderte Achselhaar; das Gesicht, eine Grimasse aus Schmerz und Ergebung. Die wächserne, kochende und nur ungenügend kühler gepustete Fläche mit aufgeschöpften Wasser kaltgepatscht. Dann ein Ruck an einer Ecke der erstarrten Platte. Ein Schrei, noch ein Abriß und noch einer – mich erschüttert mein prustendes Gelächter –, und Sophia hält den abgerissenen Wachsplacken mit den ausgerissenen Haarwurzeln triumphierend in der Hand, Schmerztränen im Auge. Immer der gleiche Vorgang, wieder und wieder, einmal, zweimal. Achsel- und Gesichtshaar, das abgerissene Wachs zusammengeknautscht und immer wieder in den brodelnden Topf zurückgeworfen. Jeden Monat mindestens einmal die gleiche Tortur: mit Spezialwachs von Elisabeth Arden, die Portion für sieben bis zehn Behandlungen zu 14,95 DM. Pro Folter 1,50 DM.

»Du kannst dich ja auch dreimal täglich rasieren, das ist genauso mühsam. Oder dich elektrisch epilieren lassen, das dauert Monate und kostet ein irres Geld und wenn du Pech hast, biste deinen Bartwuchs immer noch nicht los. Ich beiß halt die Zähne zusammen und los. Nachher hab ich dafür 'ne Haut wie'n Pfirsich. Da, fühl mal. Für meine Beine nehm ich Pilca, is 'ne Enthaarungscreme, reicht einmal für Beine und Arme, macht sieben Mark. Raufschmieren und dann einfach abschaben. Funktioniert leider nicht bei diesem Schmirgelpapier am Kinn. Sieh mal, wieviel Haarwurzeln da im Wachs bleiben. Bleiben drin und werden wieder mitaufgekocht. Stinkt bloß 'n bißchen. Dafür wirste halt schön. Den Rest zupf ich mir mit 'ner Pinzette aus. Gott sei Dank sind meine Brusthaare fast weg. Früher hab ich die immer abrasiert, das juckte nachher immer so, und im Sommer hattste immer so kleine rote Pickel. Stell doch bitte wieder den Topf auf die Herdplatte ...«

Ondulierschere, Nagellack, Tusche und Parfüm; Stoff, Schmuck und leichtes Schuhwerk. Genau »die« Lippenpomade, »der« Lidstift mit dem abgezirkelten Strich, der das Auge größer macht. Die Korrektur mittels Spiegel, Probegehn, paßt der Rock, spannt die Bluse, drei vor, zwei zurück: sitzt. Die ausgewählte Blüte ins hochgesteckte Haar mit dem eingearbeiteten Teil. Der Tropfen vom »Schweren« hinters Ohr und den Pelz um die fröstelnde Schulter (second hand – und: unten mit der Gartenschere gekürzt und grade geschnitten: fleur du mal?). Wenn du Glück hast, wird es heute nacht nicht regnen.
Ich stehe am Fenster und sehe ihr nach: Die Suche nach dem Glück ist eine der vergeblichsten Bemühungen. Erst wenn du das begriffen hast, kannst du endlich dazu übergehen, den Verzicht zu gestalten. Um zu überleben! Vielleicht ein bißchen weniger mit schwülstigen Emotionen überfrachtet, dafür aber mit beiden Füßen auf dem Kopfsteinpflaster deiner unmittelbaren Umgebung. Und für mich? Für mich gibt es keine Tabus, im Gegenteil: Es ist meine Aufgabe zu beschreiben, was ich sehe. Denn alle, die wir zu Außenseitern machen, haben nur zwei Möglichkeiten, ihr Leben zu gestalten: sich zu verstecken oder sich zu zeigen. Der »Skandal« allein verändert nichts.

ST. PAULI
Marlb

Ein Sonntag im November

Zu Fuß unterwegs, links und rechts, wieder links, gradeaus und nochmal links zum Fischmarkt. Das Kilo Schollen direkt von den Kuttern ist 'ne glatte Mark teurer als letzte Woche, »ein Fangengpaß«, erfährst du auf dem leicht dünenden Ponton, unruhig in den Halterungen wegen der aufsteigenden Flut. Linker Hand wird ein liberianischer Frachter von den Bugsierbooten eingeschleust. Indessen macht der Hamburger Fischausschlachter auf seiner Marmorplatte mit Schere und Messer meine Schollen bratfertig. Das Menschengewusel hinter mir nimmt zu, Tausende zwischen den Ständen mit Obst, Brot, Fleisch, Blumen, lebenden Tieren, Andenken, Eiern, Tee, den vielen Freßbuden mit dampfendem Prager Schinken, Bratwürsten oder Rindermett auf Schwarzbrot mit Zwiebeln, den Fischmarkt hoch, die Große Elbstraße runter. Die vielen kleinen Kneipen mit Kaffee-Cognac und Grog, frischgezapftem Bier und Doppelkorn. Musik mittenmang, 'n richtig starkes Milieu, und bannig was los, und so richtig verqualmt wie in 'ner Räucherstube. Quer durch das alles die Baugrube der Schnellstraße.

Man latscht verstimmt durch die mit Nieselregen angerührte Pampe, stolpert über die Reste von Kopfsteinpflaster, vorbei an den totsanierten Straßenzügen mit ihren Häuserlücken dazwischen, von Staketenzäunen kläglich eingefriedet. Und irgendwie werden deine Arme länger, müder deine Füße, kreisen deine Gedanken aufsässiger vor runtergeschlagenen Balkons mit schmiedeeisernen Gittern, zugenagelten Hauseingängen und eingeworfenen Fenstern. Wie eine Satire die gesprühten Durchhalteparolen an den aufgegebenen Wänden, du suchst dir eine Nische zum Pissen. Frühstück dann bei Möller gegen Mittag, die Reeperbahn hoch, gleich

hinter der Großen Freiheit, bürgerlich, warm, wie 'ne gute Stube mit Ausschank. Das Karpfenbassin in der Herbstwaldtapete ist leer, und seit die Jugoslawin bedient, bekommst du deinen Kaffee nur noch lau, mußte selbst um die Rechnung dreimal bitten. Sollte besser Friseuse werden bei ihrem Geschick für Frisur, Dauerflunsch und Lippenstift. Genervt stecke ich mein Wechselgeld ein.

Langsam dann runter bis zu den Landungsbrücken am Hafen. Habe den Aufruf in einem Buchladen abgehängt: »Einladung zur Beisetzung, 14.30 Uhr, Brücke 3... ein hoffnungsvolles Leben...« als Standarddruck auf einer Schleife ohne Kranz, wie ein Serviertuch auf einem Kellnerarm. Die Trauercrew mit Anhang unter einem der Brückenbögen. Freund Felix Rexhausen in Trenchcoat mit Strohhut wie eine schwarzgewandete Klorolle. Das Umfeld in grinsender Trauer: Art deco bis Grabbeltisch oder Großmutters Wäschepuff; braune Stiefeletten zu Eingeschwärzt mit Flitter. Corny Littmann, Tuntenchor-Oberbarde und Hamburger Sendungsgrüner mit Blondperücke und Plastikleopardenazetat, dazu Hochkothurn mit rotem Wadenwickel, für Notfälle einen Regenschirm am Arm. Trauer in Pink, ein Chor gibt sich auf und davon, Stichtag 15. November 1981.

Gut drei Dutzend, angelatscht oder herbeigestöckelt, im Vollfummel oder in diskreter Solidaritätstrauer in lockerer Formation über die Brückenbohlen hinunter zum Barkassenanlegesteg. Flitterstern oder Nähseidenröllchen im offenen Haar, die Plastikwäscheklammer fürs ambulante Trauertuch. Eine wacklige Metalltreppe mit Griff: Gebrüder Wriede III; 116 Personen Fassungskapazität Richtung Oberelbe, 103 bis Glückstadt, ausreichend Hubraum für unsere Seebestattung.

Die Urnenfüllung kommt von allen Seiten, als unsere Barkasse durch die erste Hafenschleuse tuckert: falsche

Wimpern, Lidschatten und Lippenpomade, Nagellack oder der angeknickte Stiel einer Orchidee. Schwarzes Isolierband, doppelbreit, zu Weiß mit Relief verschließt wasserdicht den Rest. »So legt euch denn ihr Brüder«, intoniert jemand vom Heck. Eine Zipfelmütze mit Bart und Nickelbrille dreht kunstfertig einen Gemeinschaftsjoint. »Hab die Heizung angestellt, damit es pottwarm wird«, kommt es vom Kapitän über die Lautsprecheranlage, Gegacker als Echo, der *taz*-Fotograf angekifft im Stellungskrieg, Anschnitt oder Totale? Wimperntusche tränt, Make-up verläuft, eine gepuderte Nase tropft außer Kontrolle. Über allem der routinierte Hafenkommentar des Barkassenführers. Kleine Schnapsfläschchen kreisen.

In Höhe der Schuppen 76/77 ist die Urne endlich von Bord, schwimmt wie zum Spott an der Oberfläche und treibt zügig davon, Ende der Rundfahrt! Am Hafentor gehen die Hinterbliebenen wieder an Land. Ein ausgedünnter Laternenzug durch St. Pauli, quer durch die Herbertstraße zum Smalltalk mit den Mädchen in den Fenstern: von »charmant« bis »ich glaub, es hackt«, dann als geschlossene Gesellschaft zum Leichenschmaus ins alternative Café »Tuc-Tuc«. Um Mitternacht dann die Erdbestattung des Schrillfummels im Sternschanzenpark: Nu is er erstmal hin, der Hamburger Tuntenchor, heißgeliebt und gehaßt, Verunsicherung und kreatives Ärgernis.

Zarah

Live hatte ich sie noch nicht erlebt, dieses angejahrte Schlachtschiff aus Karlstadt namens Sarah Hedberg. »Hast du Lust auf die?« «Kann die denn überhaupt

noch singen?« Ich war unschlüssig und ließ mich dann breitschlagen, Musical oder Grusical war mir nicht so ganz klar: Gastspiel Zarah Leander, zu einem Happening würde es schon reichen. Zuerst startete also die große Abhole. Eine halbe Stunde zickiges »Was ziehe ich bloß an?« Dann war es endlich soweit. Cord und Pelz. Gummihandschuhe, Turnschuhe und Leopardenimitat. Goldblatt am Ohrläppchen. Schwarzer Nadelstreifen und Abendcape, bodenlang.
Zu Fuß gingen wir die Reeperbahn hoch, Richtung Operettenhaus. Ein paar betrunkene Penner rempelten uns an, wollten »Geld zum Essen«, wie sie uns mit Verschwörermiene versicherten, die Gesichter blutig verschorft von einer Keilerei in der Vornacht. Wir erkauften uns freien Durchgang durch den Mittelstreifen mit ein paar Münzen.
Eine Menschentraube vor dem Theaterportal. Hatte ich bis zum Schluß noch auf irgend etwas Witziges, Elegantes, Festliches oder sonstwie Besonderes gehofft, so wurde ich jetzt endgültig enttäuscht. Schon das Foyerlicht war der Tod aller Lidschatten. Und das Gros der Gäste schien geradewegs von der Jahrhundertfeier einer Liedertafel Mozart, jenseits der Mainlinie, zu kommen. Von Geblümt bis Kepa, Grabbeltisch von Karstadt bis »1000 Töpfe« und die Subkultur auf Biedermann mit Achselspray. Dazwischen ein wenig Aufgußprominenz, gelangweilte Fernsehkameraleute, die feine Spur von Parfums und Risse in Mauern und Decke, angestoßene Ecken, abgelaufene Läufer wie in einer Wartehalle zweiter Klasse. Dazu Smalltalks und verlogene Artigkeiten: »How do you do, mein Lieber.« Boshaftigkeiten durch die Lücke zwischen den Schneidezähnen. »Jetzt macht die Künneke auch schon auf halb erblindet, weil's bei der Zarah so gut ankommt.« Gedränge und noch mehr Bekannte. »Ach, hat man dich auch eingeladen? Oder hast du deine Karte kaufen müssen?«

Endlich das erlösende Klingelzeichen: sich bloß bis zum letzten Augenblick sehen lassen, auch wenn's auf Kosten der Nachbarn geht!
Das Theater ausverkauft bis hinauf in den Olymp. Ein Mischvolk in Parkett und Rang, nur wer vorne saß, zählte. Dafür wuchsen hinten die Hälse. Und dann schleifte der Vorhang zur Seite. »Ladies and Gentlemen, meine Damen und Herren ... Zarah Leander.« Brüllen, Trampeln, Pfeifen, Jubeln. Eine Blumenwoge aus kleinen Biedermeiersträußen und anderen Gebinden flog in Richtung Bühne. Die so Umschmissene zuckte mit keiner Wimper. »Kann ja auch gar nicht zucken, bei den falschen Wimpern, und außerdem sieht sie eh nichts«, raunte es von links. Das große Orchester bedarf keiner Erwähnung. Der Gatte, Arne Hülphers, gab ebenfalls etwas altersschwach die Einsätze. Das Idol posierte mit einem Ruck, lang, schwarz, mit ornamentaler Stickerei um Arme und Oberweite. Ein herrisches Kinn unter makelloser Frisur und dazwischen hing natürlich jede Menge Gewolltes und auch Vermeidbares. Ihre langen pergamentartigen Hände zuckten wie Dolche, mehr Norma als Butterfly, mit der Vorliebe fürs Holzhacken: Was sie einmal gepackt haben, lassen die so schnell nicht wieder los! Ihre Stimme immer noch raumfüllend, intonierend wie ein Blasebalg, rauf und weggewischt mit einer Handbewegung. Für mich war das alles neu, nicht vorbelastet. Ich hörte und sah ihr einfach nur zu. Zwischentöne fanden da gar nicht erst statt, ihre Stimmbänder schienen gegerbt aus schwedischem Rentierleder. Da rollte ihr berühmtes R, von der mir schon meine Großmutter erzählt hatte, einem Knirps von dreizehn: die harte Frau. Doch wer will ihr den gestandenen Profi vorwerfen? Denn wie sie mit ihrem Alter umgeht, war virituos, war bewundernswert. Etwas unbeholfen stakste sie zur Pause von der Bühne, hatte sichtbar Mühe mit dem Gehen. »Kniever-

schleiß«, war zu hören. Schein und Wirklichkeit. Ein paar Tage vorher hatte ich sie, mühsam auf zwei Helfer gestützt, aus dem Flugzeug in Hamburg steigen sehen, die Zähne zusammengebissen, mit deutlichen Schmerzen. Tapfer, still, unscheinbar, erschöpft. Ein Mensch, der von sich sagte: »Man darf sich nie gehenlassen, man muß immer der Erste sein.«
Kleiderwechsel nach der Pause: weiß mit Stickerei, bodenlang, mit einer deutlichen Vorliebe für Pailletten. Manchmal erinnerte sie mich an einen uralten Karpfen, der nach Luft schnappt. Ihr Lächeln wirkte gefroren, maskenhaft. Ließ sich diese Vitalität spielen, oder wurde sie durch zu häufige Wiederholungen theatralisch? Sie spielte mit ihrem Publikum wie mit jungen, übermütigen Hunden, warf ihnen ihre Lieder, ihre Gesten wie Brocken zu – wohldosiert, fast eine Spur zu streng. Ob sie wohl jähzornig ist, fragte ich mich, ob sie brüllen kann, mit den Füßen stampft oder vor Wut den Leuten gegen die Schienbeine tritt? Ein Mütterchen, flach und verwelkt, applaudierte stehend, rote Flecken auf den eingefallenen Wangen. Ich kannte sie aus der Bleicherstraße; dort lebt sie in ihrer kleinen Parterrewohnung von ihrer Witwenrente. Strahlende, emphatische Gesichter um mich herum, kaum eine ironische, skeptische Unterlippe war zu sehen. Die Dellen und Schrammen wurden einfach nicht wahrgenommen. Als dann endlich das »Lied vom Wind« kam, das Generationen von Eltern seine Geschichte erzählt haben soll, damals, auf den Resten ihrer Habseligkeiten, als Überstand eines verlorenen Kriegs, halte ich es für eine schlechte Imitation, bin ich enttäuscht und ärgerlich.
Die Geschichte ihres langjährigen Begleiters Werner Landers über diese Frau »mit dem plissierten Kinn« ist eine ganz andere, eine private, vertrauliche, ist die Geschichte einer Frau, die sich zu Freundschaften bekannte, die sich im St. Pauli von damals immer wohl

gefühlt hat, immer wieder gern hierher zurückkam, wie Marika Rökk, wie Adele Sandrock, die auf St. Pauli ihre große Filmkarriere begann. Landers, der bis heute an der Reeperbahn klebengeblieben ist, in seiner gemütlich-operettenhaften Wohnung in der Detlev-Bremer-Straße. Mit seinen Auf- und Niedergängen; seinen Lokalitäten, Zigaretten- und Losverkäufen bis hin zu seinem Sockengroßhandel. Ein Mittfünfziger heute und immer noch ein glühender Zarah-Fan, »ich habe stundenlang an den kleinen Sträußen gewickelt, um sie ihr auf die Bühne zu werfen«. Bis über ihren Tod hinaus, den er aus nächster Nähe miterlebte. Ein Star ist ihm noch geblieben, mit dem ihn auch eine langjährige Freundschaft verbindet und den er gerade wieder im »St. Pauli Theater« bei der Premiere von »Die kluge Mama« jubelnd feiern half.

»Am 2. Mai '49 kam ich nach St. Pauli. Mit kurzen Hosen und drei Mark in der Tasche, per Anhalter von Hannover. Das dauerte drei Tage, denn wer hatte damals schon ein Auto. Eigentlich wollte ich nur zum Konzert von Marika Rökk. Aber als ich dann endlich verfroren und durchnäßt ankam, war sie schon wieder weg. Und da bin ich halt hängengeblieben. Um finanziell über die Runden zu kommen, habe ich erstmal Zeitungen verkauft, anschließend war ich Zigarettenboy in der ›Roxy-Bar‹ in der Kleinen Freiheit. Wohnte im Fremdenheim auf der Reeperbahn, heute ist da das ›Inter-Rast‹ drin. Kostete drei Mark die Nacht mit Frühstück, später dann in der Großen Freiheit 92, unten im Haus war 'n Schirmgeschäft. Meine erste eigene Bude und sturmfrei. Die Wirtin war 'ne echte St. Paulianerin, großzügig und clever, die nahm's nicht so genau, ob Hure oder ordentlich, bei der gab's keinen Unterschied. Ich war neunzehn. Hab gut verdient zu der Zeit. Hab auch Lose verkauft auf der Reeperbahn für die Deutsche Hilfsgemeinschaft, fünfzig Pfennig

pro Stück, zwei Jahre lang. Danach waren Strümpfe dran und eine Schießbude. Die Strümpfe verkaufe ich noch. War 'ne ganz andere Zeit, da warste froh, wenn du überhaupt 'n Dach überm Kopf hattest. Irgendwie waren wir genügsamer, nicht so gierig wie heute.«
Es war die Zeit, als die Arbeiterkinder dort, wo die Schießbuden auf dem Dom gestanden hatten, die Bleikugeln aus dem Dreck puhlten und an Altmetallhöker verscheuerten – das war ihr Taschengeld: Schlachten gab's um diese sehnsüchtig erwarteten Bleiminen. Andere verdingten sich in der Schnapsfabrik als Handlanger, um mit langen Drähten tote Mäuse aus den Glasflaschen zu angeln, bevor sie gespült wurden. Glück der Pfennigbeträge, aber die Kinder verstanden damit zu

zaubern. Dafür bückt sich heute keiner mehr. Geld war knapp, aber es war dennoch undenkbar, daß sich Kinder von ihren Eltern dazu abrichten ließen, am Sonntagmorgen auf dem Fischmarkt lange Finger zu machen.

»Das Dach überm Kopf« bestand hier aus einem ausrangierten englischen Funkwagen aus dem Zweiten Weltkrieg, und zwar dort, wo heute das ›Palais d'Amour‹ steht. »Ohne Räder, ohne alles. Da hatten wir so'n Bettgestell drin und Strohmatratzen und 'n kleinen Ofen, um 'ne Suppe zu kochen. Vierhundert Mark kostete der, war damals 'ne Menge Geld. Da wohnte ich zusammen mit meiner Mutter. Heiligabend '53, vergeß ich nie, hatte solches Heimweh nach meiner alten Dame, daß ich zur Post bin und telegrafisch hundert Mark nach Hause schickte. Bitte sofort kommen. Ich hielt's einfach nicht mehr aus ohne sie. Und da kam sie dann. Zuerst nur für 'n paar Tage. Als die dann rum waren, meinte sie: ›Nö, nö, mach du mal alles in Ordnung mit meiner Wohnung, ich bleibe hier. Mir gefällt's.‹ Meine Mutter war 'ne streng solide Frau, aber dieses ganze Hin und Her auf St. Pauli gefiel ihr. Überall konntste reingehen, ins ›Moulin Rouge‹, ins ›Zillertal‹ oder ins ›Café Menke‹, da gab's Kaffee und Kuchen und Varietéprogramm. Und sonntags Tanz, war brechend voll. Heute sind da meistens Peep-Shows drin.

Die Zeit hat sich geändert, die Leute auch, und die Jugend hat andere Interessen. Wenn du heute mal irgendwo nur 'n Kaffee verlangst, wirste blöde angemacht. Und bekommste mal einen, dann taugt er meistens nichts, bis auf wenige Ausnahmen. Mit der Zeit hab ich mich hochgerappelt. Meine erste Bar, die ›Barcelona‹, war 'n Volltreffer. Solide Preise und guter Service. Die Leute standen Schlange. Einsfünfundsiebzig für 'n Bier und das auf der Großen Freiheit. Lief bis

'69. War 'ne wilde Zeit, zwischen Amtmann Falk, dem staatlichen Saubermann und der Noludar-Gang, das war so'ne K.-o.-Tropfen-Masche. Wenn wir Feierabend hatten, gingen wir ins ›Skandinavian Express‹, zu Eisbein-Elly, war 'n Frühlokal mit 'ner irren Stimmung. Verkehrte alles, von oben bis ganz unten. Da wurden Röcke gehoben, Titten raus und Schwänze gezeigt, geschunkelt, gesungen und gesoffen. Keiner nahm was krumm. Gab's bis in die Siebziger. Zum Schluß war's total runtergewirtschaftet, und die guten Gäste blieben weg. Die Rökk hat da auch mal nach 'ner Vorstellung im Operettenhaus 'ne Nacht lang durchgefeiert und eine Lokalrunde nach der anderen geschmissen. War ja gleich um die Ecke Seilerstraße, wo ich

meinen anderen Laden hatte. ›Club 38‹. Hatte ewig Scherereien, Bambule, Scherben und den Laden zu Bruch. Die Schmiere kam ja nie und wenn, dann war alles vorbei. Hatte ich auf die Dauer keine Nerven für, war der einzige Laden, den ich aufgegeben habe. Als sie mir wiedermal den Laden zusammenwichsten, bin ich ans Telefon, eins, eins, null: ›Hier wird ein Wachtmeister in Zivil zusammengeschlagen‹. Dauerte keine fünf Minuten, da kamen sie mit drei Peterwagen. Mein Laden war natürlich wieder Sperrmüll. Wo denn der Beamte in Zivil sei? Wer denn angerufen habe? Ich ganz auf doof und mit Achselzucken. Aber die Randalierer nahmen sie mit. Ihr könnt mir den Buckel runterrutschen, hab ich mir gedacht und den Laden zugemacht. Daß ich 'n Zarah-Leander-Fan bin, sieht man ja, wenn man in meine Wohnung kommt. Das mag ein Tick von mir sein, aber ich liebe ihn. Sitz du mal acht Stunden und binde kleine Biedermeiersträuße für 'ne Premiere, in fünf Minuten haste die auf die Bühne geschmissen, die Arbeit von acht Stunden!
Zarah gastierte gerade im ›Haus Vaterland‹, wir waren damals schon gut befreundet. Sitzt sie im Auto, 'ne große Menschenmenge um sich rum. Sieht sie mich hinten in der Menge stehn und fragt Brigitte, ihr Mädchen für alles: ›Was ist der Werner eigentlich von Beruf?‹ Brüll ich von hinten: ›Ich hab 'ne Schießbude auf der Reeperbahn!‹ Zarah lacht: ›Was hast du? 'ne Schießbude? Los, steig ein, wir fahren auf die Reeperbahn!‹ Das war 'ne verrückte Sache. Zarah ging mit dem Gewehr um wie auf 'ner Elchjagd. Ihre übrige Begleitung war in Richtung Herbertstraße aufgebrochen. Irgendwann hatte sie keine Lust mehr am Schießen und wir setzten uns in die ›Sechs-Groschen-Bar‹. Flüstert sie mir übern Tisch: ›Geh mal rüber zu deiner Mutter und frag sie, ob sie für mich 'n altes Kopftuch hat.‹ Zarah sich mit einem Lachen das Kopftuch umgebunden und

wir beide los, klammheimlich durch die Herbertstraße. Denn davon hatte sie soviel gehört und brannte nun darauf, auch mal diese berühmte Straße kennenzulernen, wo die Mädchen in den Fenstern sitzen.
Schöne Zeiten hab ich hier erlebt. Ich möchte nicht mehr weg von hier, meine Mutter ist tot, Zarah ist tot, es werden halt immer weniger von den alten Freunden. Wenn ich mich abends ins ›Café Monopol‹ setze, sehe ich Menschen. Im Sommer ist die Reeperbahn immer noch gerammelt voll, obwohl alle darauf schimpfen. Du gehst spazieren, kannst klönen. Irgendwann geh ich nach oben, verschließ meine Tür hinter mir und bin trotzdem nicht allein, ich hab hab ja mein St. Pauli.«

Circus

»Komm doch zum Frühstück«, hat man mich eingeladen. Frische Brötchen unterm Arm und ein paar Blumen in der Hand mache ich mich auf den Weg, Richtung U-Bahn-Station Feldstraße. Schon von weitem ist das große Kuppelzelt mit den vier Hauptmasten zu sehen. In der vorangegangenen Nacht hat es geregnet, und überall stehen kleine Pfützen in dem weichen, nachgiebigen Boden.
Ein Betriebselektriker hantiert an den Lichtleitungen mit den vielen kleinen Glühbirnen für die Festbeleuchtung am Abend. In der rollenden Gemeinschaftsküche für die Zeltarbeiter werden Kartoffeln geschält fürs Mittagessen. Hinten bei den Wohnwagen übt Francis Bruhn, einer der besten Jongleure der Welt, mit seinen Bällen. Jemand wäscht Socken, und Farell, der Dompteur, betreut seine Tiger. Aus einem der Stallzelte wiehert ein Pferd.

Ich kenne den Weg durch die Umzäunung, Paolo hat ihn mir gezeigt: »Nimm diesen Weg, wenn du wiederkommst, dann bist du gleich bei den Wohnwagen.« Der Kaffee steht bereits auf dem Tisch, und die übrige Familie schwirrt emsig durcheinander: Paolo, Luciano, Erika und die Kinder. Mehrsprachiges Durcheinander, Spanisch, Italienisch, Deutsch. Denn immer ist etwas zu tun, im Küchenwagen, im Wagen fürs Gerät und in den beiden Wohnwagen. Alle sind zweckmäßig eingerichtet, mit Elektrizität und Gas, mit einem großen Wassertank unten drunter in Sonderanfertigung. Tischfernseher, Eisschrank, Heizofen und viel Plastik. »Das läßt sich leichter sauberhalten bei all dem Trubel, der hier ständig herrscht. Rein und raus, raus und rein, und manchmal sitzen hier bis zu achtzehn Personen um den Spaghettitopf im Küchenwagen. Magst du ein Glas Wein?« Den spanischen Cognac rühre ich nämlich nach unserm letzten Besäufnis nicht mehr an. Ich sehe mich um, Tourneefotos an den Wänden, Artistenauszeichnungen und Souvenirs, Schränke, Borde. Alles muß auf der Fahrt sicher untergebracht sein.
Also ein Glas Wein. Gastfreundschaft ist selbstverständlich in dieser alten italienischen Artistenfamilie, die auf eine lange Circustradition zurückblickt. Besuch ist immer gern gesehn, wenn der auch mal selbst mit anfaßt und einen Teller spült. Man redet nicht drüber, man macht's einfach und basta. »Kommst du nachher mit rüber ins Zelt? Wir müssen noch probieren.« Eine Artistenfamilie, die als Trapeztruppe zur internationalen Spitzenklasse zählt. »Les Jarz«. Wenige Wochen später, bei einem Gastspiel in Japan, wird Paolo, der Fänger, den Halt verlieren und in die Tiefe stürzen. Ein ungelenkes Holzbein für seine zerschmetterten Knochen und das Ende einer Karriere. »Hat nochmal Glück gehabt, hätte schlimmer kommen können«, wird es heißen, über einen Krüppel mit 26 Jahren.

Vorbei an den gesättigten Löwen, zum Pantherkäfig, dann ins Zelt, den Pferdeställen gegenüber. Eine andere Romantik als die der Vorstellung. Ein leeres Zelt, leere hölzerne Sitzreihen, das frischgeharkte Manegenrund, das gedämpfte Sonnenlicht durch das Kuppeldach überm Chapiteau. Die Scheinwerfer sind erloschen, keine Musiker auf der Empore. Nur das Fangnetz ist festgezurrt mit den Flaschenzügen, an den Masten und Stützverstrebungen. Lasch hängt die Strickleiter in den Sand. Sie proben in alten Trikots, vier, drei Männer und eine Frau. Ein Fänger und drei Flieger. In jahrelangem Training zusammengewachsen. Ein »Hepp« für die minutiösen Einsätze, Salto, Pirouette, noch einmal. Die Hände und Unterarme trockengehalten mit Talkumpuder, bis zum Ellenbogen hinauf. Luciano ist nervös, vergreift sich und geht ins Netz. Wieder nach oben, ein rascher Wortwechsel, eine Spur von Verärgerung, schon wieder gepatzt, diesmal greift Paolo zu ungenau. Abgang ins Netz. Es hat doch noch geklappt! Abbau des Sicherheitsnetzes und rasch in die Plane verpackt für die Vorstellung. Ich sehe mir Ronies schwielige Handteller an, zwei Blasen sind wieder aufgegangen, wässern und brennen wie Feuer. Er stäubt Penicillinpuder drauf und fertig. »Wir leben damit.« Paolos Fängerpranken mit den verdickten Gelenken sind auch nicht anders. Abduschen in den eingebauten Minibadezimmern mit dem Durchlauferhitzer.
Die Kinder kommen vom Unterricht, Privatunterricht, »denn für einen regelmäßigen Schulbesuch sind wir nicht lange genug an einem Ort«.
Mittagessen. Gekochtes, mageres Rindfleisch mit Meerrettichsauce, rote Beete dazu. »Auf die Linie achten, bedeutet das«, muffelt Paolo mit vollem Mund, »sonst reißen sie mir mit ihrem Gewicht die Arme aus den Gelenken.« Später. Ein Trikot hat eine offene Naht, Erikas Sache. Luciano füttert seine Tauben in

dem kleinen Drahtverschlag hinter dem Küchenwagen, Zuchttiere, »mein Hobby«. Er strahlt. »Willst du mal die jungen Alligatoren sehen, die wir für Papas Zoo in Spanien gekauft haben?« Ich verzichte dankend. Denn erst kürzlich war einer ausgerissen und hatte sich stundenlang vor dem Suchkommando verkrochen. Am Leben sind sie jedenfalls, ihr eigentümliches Pfeifen verrät es. Naturkinder, richtige Herzchen, fressen Eigelb und sicherlich noch andere Dinge. Schlangen haben sie diesmal keine dabei, in der großen Kiste unter den Wolldecken.

Die Zeit läuft davon. Überall wird gearbeitet; werden Pferde gestriegelt, Elefanten geschrubbt, Holzbänke wieder ins Lot gehämmert. Die ersten Besucher drängen durch die Tierschau. Im Direktionswagen ist eine Besprechung. Die Nachmittagsvorstellung kommt auf uns zu. Einlaß in fünfzehn Minuten. Umziehen für die Parade. »Paßt du mal auf die Kleinen auf!« Los geht's. Musik aus dem Zelt. Jeder kennt genau seine Einsätze. Begrüßung, Ansage, Licht – und dann ab in die festlich erleuchtete Manege.

Circus. Ein Wort, das nach Abenteuer schmeckt, nach Neuland, Tarzan, Raubtiergebrüll, fliegenden Menschen und Feuerschluckern, Riesenschlangen mit »glühenden Augen« und Panthern, die am liebsten kleine Kinder fressen. Eine Halbwelt aus Pappe, Leim und viel Farbe, nach Gaukelspiel. »Wir Kinder freuten uns schon über das Wort, ohne recht dessen Inhalt zu begreifen. Circus auf St. Pauli, am Zirkusweg und später auf dem Heiligengeistfeld, machte rote Wangen, und die Clowns, der traurige und der lustige, der kluge und der mit den zwei linken Händen, ließen unser Kinderherz höherschlagen. Einfach prustend loslachen, das war was!«

Man kauft sich einfach eine Eintrittskarte am Schalter des Kassenwagens, geht durch die Sperre in das Kuppel-

zelt und fühlt die fleckigen Sägespäne unter den Füßen. Atmet den Geruch von Tier und Mensch, von Holz, Farbe und aufgewirbeltem Staub. Rund um die Manege die Logen mit den stoffüberzogenen Stühlen, auf der Empore über dem bunten Samtvorhang, die Musiker in Livree. Scheinwerfer, Gestänge, Fangnetze und -leinen, Masten und Trapezhalterung, die Käfigteile für die Tiger, die Drops- und Eisverkäufer, der Clown auf den langen Stelzen mit dem Programmheftstapel. Plötzlich erlischt das Licht. Tusch. Und dann kommt es Schlag auf Schlag: Bodenakrobatik, Bären aus Rußland, Musikclowns und die Frau am Vertikalseil. Pferde, Elefanten, eine wilde Raubtiergruppe. Deine Hände sind schon ganz wund vom Klatschen: der Jongleur aus Las

Vegas, die Schleuderbrett-Truppe aus Ungarn und die fliegenden Menschen aus Italien. Weiter, immer weiter. Scheinbar ohne Anstrengung. Perfekte Leistung mit einem Lächeln serviert, als sei alles kinderleicht, selbst dir noch möglich, mit ein bißchen Übung. Ein Vagabundenleben im Flitterkostüm? Morgen hier, übermorgen dort, Spaß am laufenden Band? Das jahrelange Training ist für den Laien nicht erkennbar, die eiserne Disziplin und die Tradition alter Circusdynastien, den Kindern immer wieder vererbt. Abstürze und dieses »Immer noch einmal von vorn«, dieses »Nur nicht nachlassen«, bis der kleine, unsagbar oft wiederholte und doch so mühelos scheinende Trick im Griff ist. Grippe, Schnupfen, eine handfeste Erkältung; ein rheumatisches Ziehen in der Wade oder aufgeplatzte Blasen in der Handfläche. Nur das zählt: Immer wieder hinaus ins Scheinwerferlicht, ein Lächeln auf den Lippen. Nur nichts anmerken lassen. Und das zwei- bis dreimal am Tag.

Dagegen der »American Circus«, Circus der Superlative in drei Manegen. Man weiß gar nicht, wohin man zuerst gucken soll. Vom Rang herunter wirken die Darbietungen wie entrückt, seltsam steril, desinfiziert, ohne Ansteckung. Körper schnellen durch die Luft, Lichtblitze flirren, blendend für einen Augenblick. Musik knallt dazwischen. Beifall. Gelächter wie ein schlecht sitzendes Kleid. In welche Manege wird hinuntergelacht? Einer ist abgerutscht, gestürzt. Für eine Verschnaufpause Entsetzen, aber da steht er schon wieder, als sei nichts gewesen. Das Ganze noch einmal. Bravo und ab. Jetzt sind es drei Manegen voller wilder Tiere, und keines frißt den Dompteur. Kein Blut. Nichts. Eigentlich schade? Alles wirkt wie aufgezogen. Circus aus der Retorte. Das Auge vermag sich kaum zu konzentrieren, die Bilder laufen einfach davon. Schlag auf Schlag geht es weiter, ohne Geruch, ohne die

prickelnde Atmosphäre des Greifbaren, kein Sprung über die Rampe...
Jongleure auch hier, Trapez, zahme Tauben, ein Tiger auf einem Elefanten, Pferde, Artistik auf dem Schlappseil, doch alles nur von fern. Als Masse angeboten, als überflutende Menge, ohne Sägespäne, ohne Zelt, das von den Windstößen leise vibriert. Hier in einer nüchternen Riesenbetonhalle, im Magen eines unbeteiligten Giganten. Blechern scheppert das Orchester, schlechte Akustik, beiläufig wahrgenommen. Hier läßt sich nichts mehr anfassen, bis auf das metallene Schutzgitter, hinter dem ich sitze, den Klappstuhl mit der dünnen Holzverstrebung. Eine bunte Parade zieht unter meinen Blicken vorbei, ich versuche verzweifelt bekannte Gesichter zu entdecken, meine Freunde... entdecke nur Make-up, schimmernde Maskenseide. Flitter und monumentale Pappfigurinen. Fast nackte Starletts, die Mädchen aus den Peep-Shows der Reeperbahn auf massigen Elefantenleibern? Rollerfahrende Affen, trabende Ponys. Gelangweilt klebt mein Nachbar sein Kaugummi unter seinen Sitz neben das seines Vorgängers. Irritiert schaue ich wieder auf das Geschehen in den Manegen. Die Eindrücke verschwimmen. Finale. Tausende von kleinen roten Lämpchen glimmen auf, von Minibatterien gespeist, Glühwürmchen ähnlich, werden im Kreise herumgewirbelt. Feuerräder aus der Dunkelheit der Ränge herunter, nur für ein paar Augenblicke. Ich bin wie benommen, mir gefällt das alles nicht. Dann gleißen die Scheinwerfer wieder grell von der Decke. Schluß der Vorstellung. Der Aufbruch in Zwölferreihen, mit dem üblichen Gedränge, nur maßloser, gigantischer, es schnürt mir die Luft ab, ich komme nicht raus. Drei runde, ausgeleerte Kreise bleiben zurück, zahllose zertretene Pappbecher unter den Sitzreihen, wie ein Erkennungszeichen »Hier hat Vergnügen stattgefunden«, und die summende Klimaanla-

gen, die in meinen Ohren dröhnt. Schweißnaß schrecke ich in meinem Bett auf, neben meinem Kopf dröhnt der automatische Wecker.

Verkehr live

Ein kleines, pepiges Revuetheater, rot ausgeschlagen mit verhaltenem Licht. Die Reeperbahn runter und rechts: die Große Freiheit, die Nacht zum Tag. »Taf«, mit Leuchtschrift quer über die Straße gezogen. Zukkend über den Beschauerköpfen; Theater in der Freiheit, auf der rechten Seite. Getrunken wird ab fünfzehn Mark, dafür ist dann das ganze Programm drin ohne Rausschmiß.
Seit Oktober letzten Jahres arbeiten sie hier: Vera und Wolf, ein Markenzeichen. Sechs Tage in der Woche, ohne Urlaub. Zwölfmal »Verkehr live« in der Nacht. Im Scheinwerferlicht auf der geräumigen Bühne mit der Laufkatze. In Nummern wie »Dracula«, »Westside-Story« oder »Katharina die Große«. »Er sei immer voll da«, sagt Wolf, »mein Ding steht wie 'ne Eins.« Das sei sein Kapital. Und so wird unermüdlich gehobelt, jeden Abend. Ausfälle gab's bisher noch keine. Hemmungen? Für sie sei das nur Arbeit, sonst nichts, meinen beide. »Wir machen doch kein Privatleben auf der Bühne. Wir verkaufen unsere Show und basta. Zwölfmal die Nacht und am Sonnabend oft mehr. Impotenz kennen wir nicht.«
»Rauchen verboten« steht über ihrem Schminktisch im Keller, aus dem eine Wendeltreppe direkt auf die Bühne führt, den hellen Gang hinunter und vorbei an den Duschkabinen. Garderobe, ein kleiner geweißter Raum mit großem Spiegel, eine nackte Glühbirne gibt Licht;

Schminkutensilien, Kostümrequisiten, aufgerissene Gauloises-Packungen, Alltag nach zwanzig Uhr zwischen zwei Auftritten.
Wolf, Sternzeichen Wassermann, 28 Jahre. Vera, etwas älter; ein Cockerspaniel, cognacfarben, hört oder auch nicht, auf den Namen Chico. Daneben existiert noch ein Backenhörnchen, das ständig auf Achse ist, wohl immer noch aus Furcht vor der drei Meter langen Netzpyton, die vor ein paar Tagen durchs Toilettenknie das Weite suchte. Tatort Brunnenhofstraße, dritter Stock.
Nach der nächtlichen Arbeit ein bürgerliches Zusammenleben: Kräche, Suff und hin und wieder Prügel. Wolf mit der Sensibilität eines Mähdreschers im Leerlauf. Versöhnungen wie gehabt. Ein bißchen Paschaallüre, ein bißchen Haarspray und genau der eine Blick zuviel in den Spiegel. »Er wolle doch gar nicht erwachsen werden«, meint Wolf und bläht unauffällig auffällig seinen stattlichen Brustkorb. Vera kann sich das Grinsen nicht verkneifen.
»Ob ich sie liebe, weiß ich nicht, aber wenn ich sie rausgeschmissen habe, hole ich sie immer wieder.«
»Ich finde ihn unwahrscheinlich irre und hab Bock auf ihn.« Ende der Zitate.
Ein Zusammenleben seit nunmehr vier Jahren mit allen Scharten und Dellen. Er aus Lübeck, in Uelzen geboren, sie aus Essen.
Sie zahntechnische Assistentin, er Koch mit Auszeichnung. Bei der Bundeswehr passierte es dann. Sie war damals noch die Frau seines Hauptmanns, offensichtlich kein Hinderungsgrund. Er nahm sie einfach mit und verschwand. Desertion vom Bund, die Wolf sechs Monate auf Bewährung einbrachte. Entführung aus dem Serail gewissermaßen.
Inzwischen sind die Wogen geglättet, ist man auf dem Wege, gemeinsam in die Zukunft zu paddeln. Vielleicht

mal was Eigenes in der Heide mit kleiner Restauration und einem Garten mit Gemüsebeet und genügend Auslauf für den Hund. »Endlich mal wieder frische Luft, so richtig zum Durchatmen, das find ich riesig!« Vera geriet richtig ins Träumen, wenn sie von ihren Wünschen sprach. »Weißt du, dieser kalte Dunst von Rauch und Alkohol steckt dir voll in den Klamotten, da reicht schon eine Nacht, und schon riechst du danach, das ist wie 'ne Berufsausdünstung bei allen, die in dieser Branche tätig sind. Da ist mit Auslüften nicht groß was drin.«

Eines Morgens überraschte mich Wolf unangemeldet in meiner Wohnung. Ich war grade beim Telefonieren. »Hallihallo!!« Mir fiel vor Schreck fast der Hörer aus der Hand, zirka fünfzehn Zentimeter vor meinem Gesicht züngelten gut drei Meter Schlange. »Ich hab sie endlich wieder und wollte sie dir gleich vorführen. Sie hat nämlich Schnupfen, guck mal hier links und rechts die kleinen Schaumflocken.« »Nimm sofort die Schlange weg!« Ich war völlig hysterisch vor Angst, da ich wußte, daß diese Biester mit ihren kleinen messerscharfen Zähnen auch richtig zubeißen können.

Wolf wollte sich ausschütten vor Lachen, abgefüllt und übernächtigt, wie er war, konnte er überhaupt nicht meine Angst begreifen. Und die ganze Zeit über wakkelte die Schlange an ihm herum. Irgendwann gaben seine Beine nach, und er setzte sich hin. Ich mich in der entferntesten Ecke des Zimmers ihm gegenüber. Und dann kam seine Geschichte.

»Nach der Arbeit sind wir gleich nach Hause, Vera ging sofort pennen, und ich wollte mich umziehn, um noch 'n Zug durch die Gemeinde zu machen. Nach Bett war mir noch nich. Da ich aber 'n mächtigen Druck auf der Blase hatte, bin ich ins Badezimmer. Und mach den Klodeckel hoch, dachte ich in meinem Glimmer, jetzt tritt mich 'n Pferd. Sitzt da meine Python in meinem

Lokusbecken, wo die doch richtig weggewesen ist, und sieht mich an. Mit Pissen war erst mal nichts, is ja klar. Ganz kalt war sie und naß auch. Ich sie also rausgefischt, abgetrocknet und auf ihre Wolldecken gelegt im Badezimmer, wo die Heizungsröhren langlaufen. Ja, und nun hat sie halt Schnupfen. Hat sich verkühlt bei ihrem Abhaun, wo wir doch die ganze Zeit gedacht hatten, sie sei durchs Küchenfenster davon. Ans Klo hat keiner gedacht. Aber nun ist sie ja wieder da, und ich freu mich. Hat mich dreihundert Mark gekostet damals auf'm Fischmarkt, das gute Stück, und wenn sie sich häutet, da mach ich mir 'ne Krawatte von. Wenn das mit ihrem Schnupfen bis Montag nicht besser ist, geh ich mit ihr zum Tierarzt.«

Irgendwann ist er dann abgetorkelt Richtung Heimat, mir fiel ein Stein vom Herzen. Ihre gemeinsame Wohnung habe ich seitdem nicht wieder betreten.

Dialog

Freund Thomas hatte auf mein Bitten hin nach vielen vergeblichen Versuchen endlich den Kontakt hergestellt. Ich wollte mit Betreibern des »Radio Querfunk« sprechen. Eines Abends war's dann endlich soweit. Thomas hatte mich angerufen. Ich machte mich zu Fuß auf den Weg zum angegebenen Treffpunkt. Neunzehn Uhr war abgemacht, »aber du kannst ruhig etwas später kommen, die sind mit Sicherheit nicht pünktlich«. Mich hatte zu der Zeit wieder 'ne leichte Grippe erwischt, die Nase lief, und beim Schlucken hatte ich Schwierigkeiten. Also war ich gegen sieben da mit wackligen Knien und freute mich auf Thomas' heißen ungesüßten Tee. »Radio Querfunk«, der Piratensender von St. Pauli, von der Polizei und den Peiltrupps der Post gejagt. Jeder Sendetermin an einem anderen Standort. Mobil und immer auf Achse. »Gefährder der Demokratie« hatte sie ein Obermensch im NDR kühn und vollmundig genannt, als sei unsere Demokratie so was wie ein schmalbrüstiger Lungenpfeifer und bereits durch ein paar unlizensierte Voltstärken zu verunsichern. Ein Selbstvertrauen haben diese Leute!

Ich war gespannt auf die »Staatsfeinde«: eine Lehrerin, ein Bademeister aus der Budapester Straße, ein Psychologe, ein Taxifahrer, ein Soziologe. Doch an jenem Abend waren nur zwei gekommen, eine Frau und ein Mann. Händeschütteln und Teetassen herumreichen, das war's dann auch schon, keine MPi im Schirmständer oder auffällig ausgebeulte Hosentaschen mit diversen Handfeuerwaffen, diesen Abend würde unser Staat mit Sicherheit überleben. Keine Spur von Konspiration, nicht mal die Fenster waren zugehängt, sondern von der Straße einsehbar. Man war offensichtlich »sauber«. Und so erfuhr ich erstmal von ihrer alten Wohngemeinschaft auf St. Pauli, von Oma Hilger, von Edith und Udo, dem Eier-Erlach mit seinen förderungswürdigen Supereiern und der mitteilsamen Bordsteinschwalbe, die sich immer wieder einen Taxifahrer schnappt und ihn dafür bezahlt, daß er ihr zuhört, sie sich bei ihm ausquatschen darf. »Obwohl ich ja nich grad eine typische Zuhälterphysiognomie habe. Vielleicht sieht sie in mir mehr was Solides, Normales, aber was ist das schon?«

»Da hat er recht. Er hat nicht unbedingt 'ne Zuhälterphysiognomie. Obwohl, da kann man sich vielleicht auch täuschen. Ich hab 'ne alte Frau, die mit ihrem Strickzeug und ihrer Zeitung auf'm Sessel sitzt und sagt, oh, die Kohlen werden schon wieder teurer, da muß ich wieder drei Stunden länger im Waschsalon sitzen, und auf dieser Ecke, grade Hein-Hoyer-, Simon-von-Utrecht-Straße, das ist genauso 'ne Geschichte, da sitzen unheimlich viele alte Leute, also auch die sogenannten Nichtseßhaften, und Ausländer, aber auch sehr viele alte Leute. Das ist einfach warm, so warm kriegen die ihre Bude nie. Und der Typ ist übrigens ganz nett, der Fritz, der da immer saubermacht. Ich hab mal in der Ecke gewohnt, in 'ner Ladenwohnung, und da sind uns also wirklich witzige Sachen passiert. Da hat früher der Pastor gewohnt, der in der Kirche gleich bei dir um die Ecke, Friedenskirche heißt sie wohl, gedient hat oder wie man da sagt. Der muß 'n ganz guten Stand bei den Leuten gehabt haben, da war auch so 'n ganz großes Plakat: ›Liebe Leute, wir ziehen jetzt um, tut uns leid, es hat uns gut hier gefallen.‹ Es kamen dann noch häufig Leute und wollten einfach wissen, wo die jetzt sind.

Früher war das 'ne Bäckerei. Wir haben unten noch 'ne ganz große Backstube gehabt, war nicht mehr in Gang zu setzen, war aber alles noch da. Und denn kam einmal 'ne alte Frau rein mit drei, vier Lore-Romanen und sagte: ›Guten Tag, ich wollte tauschen.‹ Keiner von uns blickte durch. Sagte sie: ›Vorher war die Ladentür aber woanders, warum ist denn die jetzt zu?‹ War auch 'n bißchen sauer, und das war für die ganz klar, in 'nem Zimmer, wo so viele Bücher stehen, das kann sich nur um 'ne Bibliothek handeln. Und dann wollte sie die Lore-Romane umtauschen. Das gleiche ist uns auch passiert in Sachen Blumengeschäft, das da 'ne alte Oma kam und sagte: ›Ich möchte gern diesen Stock hier, wie teuer ist der?‹ Diese beiden großen Ladenfenster waren eben voll mit Blumen.

Die Leute haben schon immer den Weg zu uns in die Wohnung gefunden. Als wir da eingezogen sind und ganz lange keine Vorhänge hatten, da war erstmal die Nachbarschaft völlig aufgewühlt, also wirklich, so freundlich auch zum Teil, wo man ja sagen muß, daß wir mit Abstand die einzige Wohngemeinschaft waren,

die ganz offensichtlich eine war: keine Gardinen und immer's Licht an und nie die Vorhänge zu und solche Geschichten. Die haben uns dann Besenstiele gereicht, weil sie festgestellt hatten, daß wir irgendwie mit dieser Decke und mit dieser Farbrolle nicht so richtig zu Potte kamen. Oma Hilger hat uns Apfelkuchen gebracht, weil wir alle so dünn aussahen.
Oma Hilger, das ist eben so 'ne Frau, die seit vierzig, fünfzig Jahren da wohnt; alles weiß, alles, ist auch 'ne kleine Natter natürlich, halt so'n dürftiges Leben, daß man schon bestimmte Sachen auch erfinden muß. Aber uns hat sie verteidigt wie ihre eigenen Kinder, denn wir waren natürlich auch Gesprächsthema. Als wir dann in Urlaub gefahren sind, hat sie vier Wochen lang unsre

Blumen gegossen, aber frag nicht wie, die sind alle gediehen und gewachsen. Astrid kam als erste wieder, und meinen Papyrus, den hab ich ihr ganz doll ans Herz gelegt, hab ihr gesagt, jeden Tag müsse sie ihn gießen, und denn klingelt sie und sagt: ›Kann ich wieder 'n Schlüssel haben?‹ Astrid: ›Ja, wieso?‹ Sagt sie: ›Du gießt diesen Papyrus nicht richtig. Wenn die Kleine wiederkommt und der Papyrus ist eingegangen, das geht nicht.‹ Und dann ist sie weiterhin gekommen, obwohl wieder jemand in der Wohnung war; sagte: ›Och, ich mach dann die Augen zu, wenn sie nackt rumlaufen, das stört mich gar nicht.‹ Hat weiterhin die Blumen gegossen; fragte neugierig: ›Wer gehört denn jetzt hier eigentlich zu wem?‹ Das ist ja 'ne Situation, die du überhaupt nicht mehr erlebst heutzutage. Wirklich, sie wollte wissen, woran sie war, wollte wissen, welcher Freund zu welcher Frau da gehörte. So, das war ihr Recht. Klar, hat sie dann auch gekriegt.
Sie ist ganz alt, hat offene Beine und ist ganz lange putzen gegangen immer noch, putzen auch aus Kommunikationszwecken. Es wohnen 'ne ganze Menge alleinstehender, alter, kranker Männer in der Gegend, für die sie die Treppe putzt. ›So was kann ja 'n Mann nicht‹, sagt sie dann. ›Mein Gott, wenn man die alleine läßt, die verkommen ja völlig.‹ Sie hat für wenig Geld gearbeitet, ist immer mit ihrem Eimer losgezogen und konnte kaum laufen. Es war 'ne Weltreise für sie, wenn sie zum Plaza ging um einzukaufen, weil's da natürlich billiger war. Sie machte auch immer 'n Fest draus, sie trank da 'ne Tasse Kaffee, guckte sich alles an, wartete ganz lange, ließ ihren Alten mal alleine mit'm Hund spazierenlaufen, und dann kam sie wieder, total fertig. Einer von diesen alten Männern, das war schon tragisch, der hat 'n Unfall gehabt, 'n Bein verloren, und war halt ziemlich oft blau. Klar, daß er denn auf seinen Krücken durch die Gegend fliegt und auch verbittert

war. Also ich konnte ihm dann auch nicht helfen, ich bin völlig hilflos, ich stand so da, und er schlug um sich rum mit seinen Krücken. Ich hab gemerkt, du mußt 'ne bestimmte Sprache sprechen, daß der Typ auch erlaubt, daß du ihn aufhebst. Klar, wir waren da irgendwie Fremdkörper, und zwar solche, die man wohlwollend beäugte, aber aufheben, das wär nicht drin gewesen.

Bevor sie dieses Haus an der Ecke Bleicher- und Otzenstraße abgerissen haben, so'n SAGA-Bau, wo dann an einem schönen Sommertag ein Dachstuhlbrand losging. Der ist stundenlang gelöscht worden. Hab ich so'n SAGA-Typen gefragt, wieso sie dieses Haus abreißen. Das war schon zu 'ner Zeit, wo ein Skandal nach dem andern lief, wo diese SAGA-Bonzen dann wohl gehört haben, daß man jetzt 'n bißchen anders mit den Leuten umgehn muß. Jedenfalls hat er mir lang und schlapp Erklärungen gegeben, warum das alles ganz schief und feucht und unmöglich war, so könnte man die Menschen nicht wohnen lassen. In dem Neubau wohnen jetzt ganz fremde Leute, nicht die, die da vorher in dem alten Haus gewohnt haben. Die sind im Herbst eingezogen.

Im Sommer war schwer was los, da wurden diese Roller... oder wie die heißen mit diesen Wahnsinnsausrüstungen, mit Knie-, Kopf- und Armschutz, damit rollten die Kinder dann da immer längs, war unheimlich was los, und Oma Hilger stellte dann halt ihren Stuhl mitten in die Abgase und guckte, was los war. Sie hatte vorher Parterre gewohnt, da mußte sie sich immer nur rauslehnen, konnte drinnen im Zimmer bleiben, und jetzt wohnte sie im ersten Stock.

Edith hatte 'nen Autounfall und den ganzen Bauch voller Narben. Sie war kaputt, war so versoffen, daß sie keine graden Sätze mehr reden konnte. Sie erkannte dich wieder und lächelte freundlich, gab dir die Hand – alles ganz prima, aber sie konnte dir nicht folgen, mehr als zwei Fragen hintereinander durfte man ihr nicht stellen. Udo war jünger, etwa 36, der erzählte, daß er sie aufgelesen hatte, wie sie den Bauch voller Narben hatte, ganz tapfer, muß mal 'ne tolle Frau gewesen sein. Wurde dann von ihren Zuhältern gefeuert. So 'ne Frau hat überhaupt keinen Zweck mehr. Die ist so drin in ihrer Welt, daß sie nie mehr was andres machen könnte. Nur diese Kräche! Auch eben jetzt wieder. Hat zu schlimmen Verletzungen geführt. Ging darum, daß sie ihn immer beschuldigt, daß er ficken geht. Beide sind unglaubliche Säufer. Sie schafft sich nebenbei noch Geld an, er sagt: ›Du brauchst das nicht, wir können so leben.‹ Aber nein, sie will es nun mal...

Er ist schon ewig und drei Tage arbeitslos. Er sagt sich, wozu soll ich arbeiten. Mir die Knochen kaputtschinden? Denk ich überhaupt nicht dran. Ich hab ja nichts gelernt, nichts hab ich gelernt, deshalb kann ich immer mir nur die Knochen kaputtschinden, da bin ich lieber arbeitslos.‹ Aber es reicht natürlich nicht. Ich hab mich mal lange mit ihm unterhalten; meint er: ›Warum soll ich denn Urlaub machen? Man kann doch hier alles haben.‹ Er hat halt immer das gleiche Alltagsmuster. Manchmal gehen sie zum Plaza, und dann bis auf 'n Kiez und zum Neuen Pferdemarkt. Auch auf'm Karolinenplatz sitzen sie rum, haben immer ihr Kissen dabei. Sobald der erste Sonnenstrahl rauskommt, ist das Kissen unterm Arm, und dann trödeln sie auf die Bank, Hand in Hand, sie blaue Augen, er auch irgendwo 'ne Narbe, weil sie auch gut zugehauen hat. Der Streit geht darum, daß sie ihn bezichtigt, er hätte wieder gefickt, und er sagt, laß mich in Ruhe, ich will meinen Rausch ausschlafen, und sie insistiert, daß er ihr das jetzt mal erzählen soll, und dann gibt's Mord und Totschlag. Immer das gleiche.

Erlach, das ist der Krämer, der so hamburgisch redet, daß man ihn manchmal nicht versteht. Der macht immer Beschäftigungsmaßnahmen. Dann müssen sie morgens Kartons zusammenfalten, oder wenn der Edeka-Wagen kommt, müssen sie beim Ausladen helfen, ohne daß was kaputtgeht. Die Ladentür ist meistens offen. Auf dem Hocker davor sitzt immer einer von diesen Saufkumpanen, einer hält immer diesen Hocker warm oder hält grade den Hund, weil Frau Nachbar einkauft, oder schüttelt den Kinderwagen, weil die andre Nachbarin einkauft. Oder packt irgendwelche Sachen um in diesem klitzekleinen Laden. Erlach ist unglaublich schwerhörig und versteht wirklich nur die Hälfte. Wenn du morgens ein Brötchen kaufen willst, mußt du viel Geduld und wenig Hunger mitbringen, bis er dann so sein Kleingeld rausgekramt hat.

Wenn Erlach einmal aufhört, und der macht's nicht mehr lange, dann weiß ich nicht, wo die ganzen Leute bleiben, denn das ist so 'n Kommunikationszentrum. Da werden Wahnsinnsgeschichten verbraten, so und so viele Korn den Tag über gekippt. Er selbst sei trocken, hat er gesagt, er trinkt nichts mehr. Rauchen muß er manchmal noch eine, tut er dann auch hinter der Ladentheke, klar, kann auch jeder rauchen, der da reinkommt. Da gibt's sowieso nur abgepackte Sachen. Aber die Supereier. Wir fahren jetzt noch von der Gustav-Falke-Straße dahin, um die Eier zu holen. Sechzig Stück auf einmal, das findet er also nun absolut toll.

Die werden alle so 'n bißchen bei ihm beschäftigt, also mit eingegliedert; einer, der ist alleinstehend; 'ne alte Frau, die auch da in der Gegend wohnt, die kocht ihm immer; und dann 'ne Jüngere, so 'ne ganz resolute, wo er immer zu Tode erschrickt, wenn sie sagt: ›Mensch, hast schon wieder Scheiße gebaut.‹ ›Ja, ja‹, sagt er, ›Mensch, ich komm ja schon und mach das.‹ Die räumt so durch, sonst würd er auch ersticken in seinem Dreck oder einfach vertüdeln.

Obwohl sie alle über ihn schimpfen und sagen, der bescheißt uns von hinten bis vorne, gehn sie natürlich alle hin, klar. Und die können auch zum Teil nicht so weit laufen bis zur SPAR oder zum Plaza eben um die andre Ecke, und er hat auch höhere Preise, wie soll der sich das sonst leisten können, so 'n kleinen Laden am Leben zu halten?«

Alte Geschichten standen vor uns auf, Gesichter, Oma Hilger humpelte plötzlich durch den Raum, imaginäre Blumen zu begießen, Supereierbatterien türmten sich vor unserm inneren Auge, Lebensgewohnheiten, der Mief ungelüfteter Räume mit lauwarmen Kohleöfen.

Auf dem handgetöpferten Stövchen wärmte sich der

Tee, von Thomas frisch aufgegossen. Zigarettenkippen drängten sich zerknautscht in dem überfüllten Ascher, acht Hände lagen entspannt auf der ungebeizten Tischplatte. Draußen war Nacht. »Aber eigentlich wollte ich von euch etwas über euer Radio hören.« Ich mußte mich losreißen von ihrer Schilderung, wollte Fakten haben, einen Erfahrungsbericht, etwas hören über ihre Schwierigkeiten auf ihrer Flucht vor der Polizei und den Peilwagen. Thomas öffnete die Fensterklappe über der Tür. Mir tränten die Augen vom Rauch.

»›Radio Querfunk‹? Wir stellen uns darunter ein Radio vor, was allen Leuten zugänglich ist, die ihre Probleme gerne mal veröffentlichen würden. Nur, das stellt sich in der Praxis 'n bißchen schwierig dar, weil halt von den Leuten, von denen wir nun gerne was hören würden, nichts rüberkommt, also wir erhalten da wenig. Während des SPD-Parteitages am 17. Juni haben wir zum ersten Mal gesendet. Also '81 und dann jeden Mittwoch Viertel vor sieben ›unzensierter Äther‹.

Sie haben mal einen Sender geschnappt, bei der 13. Sendung, für die Abergläubischen. Das war wohl mehr 'ne routinemäßige Geschichte, aber wohl auch 'n Fehler der Technik. Die sind nicht ganz so plietsch, die Peiler. Die haben den Volkspark auf'm Korn, weil man weiß – das kann man in der *Bild*-Zeitung nachlesen –, daß Piratensender immer auf den Bäumen sitzen. Da es nun aber nicht so viele Bäume in Hamburg gibt, konzentrieren sich die Peiler auf'n Volkspark; dort haben sie auch schon mal einen Sender hopsgenommen, das war im Frühjahr letzten Jahres.

Vor uns gab es vier Piratensender, darunter ›Klabautermann‹. Im Moment gibt es noch zwei Sender, einer in Harburg und eben ›Radio Querfunk‹.

Es liegt sicherlich auch am Geruch des Illegalen, warum die Leute nicht zu uns kommen. Wie willst du denn auch klarmachen, daß der Freundeskreis legal ist, daß wir öffentlich tagen, daß zwar auch jeder Spitzel die Möglichkeit hat, sich mit uns zu treffen, daß es aber nicht in abgeschlossenen Räumen und illegal läuft, sondern daß wir eben, weil das Senden illegal ist, 'ne strikte Trennung von Technik und Freundeskreis haben.

Das neuste Beispiel aus Bremen: Da haben Leute von einem freien ›Radio Zebra‹ 'ne Broschüre angefordert und aufs Spendenkonto halt nicht fünf Mark bezahlt, sondern vielleicht zehn Mark, fünf Mark als Spende. Zu denen kam plötzlich die Bullerei mit hektografierten Hausdurchsuchungsbefehlen, haben die Bude auf den Kopf gestellt, also Leute, die gar nichts mit dem Freundeskreis zu tun, die sich einfach solidarisch mit diesem Radio erklärt haben. Und wenn man so was hört, dann erschrecken natürlich einige in unserem Beruf.

Es gibt bis zu fünf Jahren Knast für denjenigen, der beim Betreiben eines Senders erwischt wird. Das Höchste, was es bisher gegeben hat, sind dreieinhalb Jahre, aber dieser Mensch hat noch nicht mal gesendet, der hat nur nach Gorleben politisch begründet, weshalb 'n Radio notwendig ist, und hat Bauteile angefordert; das Ding hat nie funktioniert und auch nicht gesendet. Und dafür hat er also Knast gekriegt.

Ein Sender kostet zwischen anderthalb und zweitausend Mark. Laufende Kosten, nicht der Sender selbst, sondern alles, was so drumherum ist. Laufende Kosten hast du ja nicht, du bezahlst keine Druckfahnen und ähnliche Geschichten... Das Gerät alleine liegt bei tausend Mark, dann kommt der Kassettenrekorder, der Aku, Kabel, Antenne, also, das geht ganz schnell.

Wenn du dir das historisch anguckst, wer sich für Radios interessiert hat, dann war das immer 'n sehr dezidiert politisches Spektrum. Die ersten Radios, jetzt mal von ›Wendland‹ und ›Radio Fesselheim‹ abgesehen, waren Kurzsender für konkrete Forderungen... und da hat sich schon ganz früh, als wir ›Querfunk‹ gründeten – damals hieß es noch ›Radio Brokdorf‹ –, eine der Trennungen gezeigt. Also 'n bestimmtes Spektrum, was sagt, wir machen nur Aktionssender, machen kein Programmradio, und wir lehnen auch die Trennung von Kopf- und Handarbeit ab, was ich in diesem Fall auch für idiotisch halten würde. Denn für die Techniker stellt sich halt die Frage, wegen so 'nem Scheiß, meinetwegen um irgendeinem Kultursenator eins reinzuwürgen, sollen wir da Knast riskieren? Also die Zensur läuft über zwei Kanäle, einmal über die Begrenzung der Sendezeit, das heißt, wenn du drei, vier Kassetten hast, aber nur 'ne Viertelstunde, wie wir zuletzt, dann ist das auch 'ne Form von Zensur.

Es gab aber schon zwei, drei Situationen, wo wir uns überlegt haben, kürzen wir das, müssen wir das kürzen wegen der Aktualität, wir wollen doch auch noch auf die Brokdorfprozesse hinweisen. In so 'nem Dilemma sitzt du nur so lange, wie du nicht genügend Geld, Leute und Möglichkeiten hast, jeden Tag 'ne Viertelstunde zu senden. Und die zweite Zensur, was auch noch nicht eingetreten ist, aber was 'n Risikofaktor ist, eben was die Technik angeht, denn da liegt auch 'ne mögliche Quelle für Zensur. Allerdings muß ich sagen, das haben wir ziemlich gut hingekriegt, es gab nicht einen einzigen Beitrag, wo sie gesagt haben, also nö, so geht's nun nicht. Es kam zwar Kritik zurück, das war ja nun lau und lasch und schlampig und alles Mögliche, hat meistens auch 'ne Berechtigung gehabt. Ein großes Problem liegt darin, daß ganz viele Leute wissen, ja ja, es gibt ›Radio Querfunk‹; wenn du sie fragst, wann senden die denn, beten sie's dir auch runter, aber sie vergessen's wieder.

Weißt du, das ist auch 'n ziemliches Problem, daß die meisten Leute zwar mit 'ner Stereoanlage ausgerüstet sind, aber keine Antenne haben. NDR kriegst du ja mit'm Reißnagel. Du steckst irgend 'ne Stricknadel in die Antennenbuchse, und dann hast du NDR II, III ... den kriegst du immer. Soviel Eigenleistung von den Linken zu verlangen, daß sie zum Hausvermieter gehn und sagen, wir brauchen 'ne Hausantenne, das ist offensichtlich nicht drin. Das steht sogar im Hamburger Mietvertrag. Doch das würde Eigeninitiative bedeuten, und das ist wohl nicht drin in der überfütterten linken Szene, die einerseits sagt, tolle Sache, aber nie hinhört. Wir würden gerne Stadtteilradio machen, Vorbild Holland, wo du halt auch die Eier ... da wird auch Werbung gemacht, aber Werbung, die ich in Ordnung finde; wenn man für Erlachs Eier wirbt, da kann ich dahinterstehen, weil ich gegen Aldi-Eier bin. Und das müssen die meisten Leute erstmal begreifen, weil bei Erlach sind die auch nicht teurer. Und schmecken, wie Eier sozusagen. Also für so 'ne Art von Werbung bin ich zu haben, und so was wird in Amsterdam praktiziert. Da wird auch die Demo angekündigt, und da können vor allen Dingen die Leute kommen und ihnen erzählen, was ihnen gerade in den Kopf kommt.«

Hinterhöfe

Andries Melchers ist Sozialarbeiter in der ehemaligen Poliklinik des Jüdischen Krankenhauses, der Deutsch-Ausländischen Begegnungsstätte Talstraße, Ecke Simon-von-Utrecht-Straße. Ein roter Klinkerbau hinter dem weißen, langgezogenen Hauptgebäude aus der Mitte des letzten Jahrhunderts, erbaut mit Geldern des jüdischen Bankiers Salomon Heine, des Onkels des finanziell eher minderbemittelten Dichters Heinrich Heine.

Sein vielfältiges Arbeitsprogramm läßt Andries Melchers nur wenig freie Zeit. Holländer von Geburt, in den Dreißigern, mit einer Türkin verlobt, die er bald heiraten möchte.
Während des ersten Nachmittags, an dem ich ihn aufsuchte, vermittelte er grade eine türkische Frau ins Frauenhaus nach Hannover, weil sie von ihrem türkischen Ehemann mißhandelt und nun in ständiger Furcht lebte. Dabei halfen ihm seine türkischen Sprachkenntnisse, aber auch sein Einfühlungsvermögen in diese uns fremde Mentalität. Sein Einsatz an vorderster Front, seine Erfahrungen mit Wohnraumwucher, mit Ehedramen und Aggressionen, gingen für ihn nicht immer ohne Dellen und Blessuren ab. An einem Montagmorgen um neun Uhr hatten wir uns im Büro seiner Dienststelle zu einem Gespräch verabredet. Bei Kaffee aus der Thermosflasche und belegten Brötchen erzählte er von seinen Alltagsproblemen.
»Im August 1981 bekamen wir zum erstenmal Kontakt zu den Bewohnern dieses Hinterhauses. Die *Morgenpost* veröffentlichte eine Geschichte über schwere Schäden in den Wohnungen, in denen vor allem Ausländer leben, das waren türkische Familien- und Asylantenwohnungen. Es hieß, die Schäden seien so schwer, daß man dort nicht wohnen kann, oder man müßte das sofort beseitigen. Außerdem wurden die Mieter vom Hauseigentümer erpreßt, der käme also jeweils zum Ultimo an die Wohnungstür, würde klopfen und sagen: ›Also, wenn du mir jetzt nicht deine Miete gibst, dann tu ich dir oder deinen Kindern was.‹ Das haben wir eigentlich zuerst nicht geglaubt, obwohl die Fotos in der Zeitung ja schon ganz schön schlimm waren. Wir sind daraufhin hingegangen und haben uns zunächst mal mit den beiden türkischen Familien unterhalten. Und wir erfuhren, daß das wirklich unheimlich schlimm ist, was da passiert, und daß die tatsächlich

HENKEL
TROCKEN

erpreßt werden, daß die Wohnungen so kaputt sind, daß den Leuten buchstäblich die Decke auf 'n Kopf fällt, daß alles voller Ratten, Mäuse und andrer netter kleiner Tiere ist.

Wo die Mieter sich einverstanden erklärten, haben wir in allen Wohnungen Schäden aufgenommen, haben ans Bezirksamt Hamburg-Mitte geschrieben und darum gebeten, daß dies überprüft wird. Des weiteren haben wir den Vermieter angeschrieben und gesagt, also hören Sie zu, Sie müssen diesen Mist hier wegmachen. Die Leute zahlen schließlich Miete, und das nicht zu knapp. Dieser Punkt mit der Miete ist uns eigentlich erst sehr viel später aufgefallen, nachdem wir nämlich begonnen haben, Quittungen zu sammeln; dazu komm ich nachher noch.

Die Reaktion der Behörden war also einhellig. Es wurde eine sogenannte Besichtigung und Begehung dieser Häuser in der Talstraße gemacht, und zwar am 3. September, das war ungefähr zwei Wochen, nachdem die Sache öffentlich gemacht worden war. Man kam mit großem Gefolge, guckte sich die Wohnungen an, klopfte hier, machte dies und jenes, und dann dachten wir, okay, jetzt wird was passieren, den Mietern müßte ja nun eigentlich geholfen werden von staatlicher Seite. Doch genau das Gegenteil war der Fall. Es hieß, die Wohnungen seien überbelegt. Das wußten wir ohnehin schon, aber das war nicht die Schuld der Mieter. Es wurde gesagt, die Wohnungsschäden haben die Mieter entweder selber verursacht, oder sie waren vorher, bevor sie eingezogen sind, drin. Das war also alles gar keine große Hilfe.

Mit anderen Worten: Jetzt waren die Leute von zwei Seiten enttäuscht worden, einmal vom Vermieter, der sie ausgenommen hatte wie 'ne Weihnachtsgans, und zum anderen von der Behörde, die überhaupt kein Interesse an diesem Problem zeigt. Von der Behörde

wurden umfangreiche Berichte gemacht über die Schäden in den Wohnungen.
Und dann kam plötzlich noch eine andere Sache, die wir vorher eigentlich gar nicht bemerkt hatten: die überhöhten Mieten. Wir stellten fest, daß eine Familie für eine Zweizimmerwohnung, von Wohnung kann man da nur formal reden, für eine Zweizimmerwohnung über vierhundert Mark im Monat zahlte. Zur selben Zeit zahlten die Asylbewerber, die dort lebten, für ein Bett ebenfalls vierhundert Mark im Monat. Am Ende des Monats kamen die Leute des Vermieters an die Tür, klopften und sagten: ›So, wie ist es denn mit der Miete?‹ Einmal haben sie die Tür eingeschlagen und einen Asylbewerber bedroht. Wegen all dieser Sachen haben wir Strafanzeige wegen Mietwucher und wegen Körperverletzung gegen den Hausbesitzer erstattet, denn wir konnten nachweisen, daß er in zwei Fällen dabeigewesen ist. So. Und all dies lief nun seit September 1981. Mittlerweile haben wir Februar '82, es hat sich aber noch immer nichts getan. Im Dezember hat sich schließlich der Hausbesitzer die Asylbewerber, denen es ja am schlechtesten geht, geschnappt und gesagt: ›So, ihr kriegt soundsoviel Geld auf die Hand, stellt euch mal auf 'n paar wackelige Gerüste, die überhaupt nicht betriebsbereit waren, und malt mir die Häuserchen an.‹ Das war 'ne richtige Fassadenkosmetik. An dem katastrophalen Innenzustand der Häuser hat sich nichts geändert.
Ich möcht noch anmerken, daß wir seit September bis Februar insgesamt vier Strafanzeigen erstattet haben. In der Regel werden diese Strafanzeigen eingestellt, weil es heißt, die Leute, die ihr angezeigt habt, werden sowieso schon wegen weit schwererer Vergehen strafverfolgt. Und doch haben wir einen Erfolg verbuchen können: Der Vermieter hatte nämlich die nette Eigenschaft, Asylbewerber, die gerade eine Wohnung bezogen, wie-

der rauszuschmeißen, wenn er mit anderen Sachen mehr Geld verdienen konnte. Und das machte er so: Er behauptete, daß sie unrechtmäßig in die Wohnung gezogen seien und daß er dazu eine eidesstattliche Versicherung abgeben könne. Wegen einer solchen Versicherung haben wir ihn dann vors Gericht gebracht. Es stellte sich heraus, daß er gelogen hatte.
Eigentlich viel schlimmer ist, daß die Behörden, die zuständigen Bezirksbehörden, es tolerieren, daß solche Typen ihre Häuser, ihren Grundbesitz, die gepachteten Grundstücke dazu benutzen, Leute rigoros auszubeuten. Und das geht natürlich mit Ausländern, vor allem Asylbewerbern, am besten. Das schlimmste aber ist, daß die Mietzahlungen, die er von Asylbewerbern bekommt, vom Sozialamt finanziert werden. Das Sozialamt war sehr erstaunt, als wir wegen der schweren Schäden in den Wohnungen Mietminderung ankündigten und dann auch durchsetzen konnten. Geradezu verrückt ist es, daß sich das Wohnungsamt gegenüber den beiden türkischen Familien, die wir dort betreuen und deren Kinder von Ratten gebissen worden sind, die Vergiftungen hatten wegen des Schmutzes, den Ratten in die Wohnungen getragen haben, nicht mehr für zuständig erklärte. Man sagte uns: ›Die Leute haben sich diese Lage selbst geschaffen, indem sie in eine Wohnung gezogen sind, von der sie schon vorher wußten, daß sie schlecht ist.‹ Daß das nicht zutraf und daß die Leute, als sie's gemerkt haben, immer wieder zum Hausbesitzer gegangen sind und gesagt haben, daß er die Schäden ausbessern muß, daß sie hier so nicht wohnen können, ist 'ne ganz andre Frage, das hat man einfach nicht berücksichtigt.
Es gibt in diesem Hinterhof auch andre Fälle, wo zum Beispiel einer schwangeren deutschen jungen Frau, grade als sie auf dem Klo saß, die Decke auf den Kopf gefallen ist. Mitten in der Toilette.

Das alles sind Dinge, die die Leute sich ja wohl nicht selber beibringen, sondern die schon vorher, jedenfalls aber ohne die Schuld dieser Leute entstanden sind. Und ich kann sagen, daß wir seit einiger Zeit mit dem Wohnungsamt hier im Clinch liegen, vor allem wegen dieser zwei Familien. Wir sind jetzt bis zum Verwaltungsgericht gegangen, und wir erwarten eigentlich in der nächsten Zeit ein Urteil. Wir finden es sehr bedauerlich, daß die Behörden da überhaupt keine Hilfe anbieten, sondern sich ganz im Gegenteil auf die Hinterbeine stellen und sagen: ›Nö, is nich, die erkennen wir einfach nicht an.‹
Es gibt dort mehrere deutsche Mieter, die, das hat uns eigentlich sehr erstaunt, den Ausländern sehr geholfen

haben. Sie haben ihre Dolmetscherdienste angeboten, haben versucht, die ausländischen Familien vor dem Vermieter, der sogar kleine Kinder bedroht, in Schutz zu nehmen. Einer der ältesten Mieter ist Herr R. Er vor allem hat diesen miesen Hausbesitzern immer wieder die Zähne gezeigt. Er hat auf diese Weise eine volle Modernisierung seiner Wohnung erreicht; aber das konnte er nur, weil er mit einem Rechtsanwalt zusammenarbeitete. Doch seit dieser Zeit versucht man, ihn einzuschüchtern. Seine Frau wird bedroht, seine Kinder werden bedroht, gegen ihn werden Einstweilige Verfügungen angestrengt, in denen es heißt, er würde die ausländischen Mieter aufhetzen, Unfrieden stiften und ähnliches mehr. Das sind alles üble Geschichten. Doch der Vermieter hat natürlich jetzt nicht mehr das hohe Einkommen aus diesen Häusern; ich hab mal ausgerechnet: nur bei den Hinterhäusern, bei diesem Grundbetrag von vierhundert Mark pro Person bei den Asylbewerbern und vierhundert Mark pro Familie, müßte er ein Monatseinkommen von über 12 000 Mark haben. Nur aus diesen Hinterhäusern.
Einmal entspann sich eine Riesenprügelei im Treppenhaus. Bullen gegen zwei St. Paulianer. Ich glaube, es kamen sechs Streifenwagen, von denen einige demoliert wurden. Der Polizei ging's auch nicht viel besser, da sie aber im Dienst waren, haben sie jede Menge von Anzeigen geschrieben, Widerstand gegen die Staatsgewalt, Beamtenbeleidigung, Sachbeschädigung und Körperverletzung. Die waren eifrig. Da bin ich zu meinen Leuten gegangen und hab gesagt: ›Leute, schreibt doch mal auf, was die Bullen mit euch gemacht haben.‹ Die beiden hatten Böcke auf diese Geschichte, den Glattlingen und Westentaschen-James-Bonds in Uniform mal die Stirn zu bieten, die haben sich also gekloppt wie die Henker. Polizeiuniformen mußten neu gemacht werden, dann ist ein Wagen ›verunreinigt worden‹ – kannst

du dir vorstellen, was das bedeutet, ohne Amtsdeutsch? Schließlich wurden alle abgeführt. Nachbarn oder Bekannte, die auf gleicher Höhe von der Wohnung wohnen, konnten sehen, daß, als die Wohnung leer war, die Polizei gekommen ist und alles gefilzt hat. Keine Zeugen. Das'n dicker Hund, nä?

Die sie mitgenommen hatten, machten auf der Davidswache einen Riesenremmidemmi. Mußten sie natürlich alle wieder freilassen, weil sie alle 'n festen Wohnsitz hatten. Aber vorher im ›Nevada‹ [Spitzname für Polizeiwache], das ist schon 'ne tolle Sache, da gibt's erstmal auf die Schnauze, unten im Keller. Die sind also richtig verprügelt worden. Jedenfalls sahen sie 'n bißchen anders aus, als sie vorher ausgesehen hatten. Konntest du natürlich nicht nachweisen, da sie sich vorher auch schon geprügelt hatten. Interessant war, daß an dem Abend im Fernsehen dieser Film nach Heinrich Böll lief – und die haben 'n Fernseher auf der Wache. Ja, das sind Dinge, die miteinander zusammenhängen, bestimmt. Kannst mir sagen, was du willst.

Ich bin dann am nächsten Morgen hin zum Reviervorsteher und hab gesagt: ›Also, ich hab hier 'n paar Berichte, die Originale verwahr ich natürlich. Soll ich die zu eurer Dienststelle hinschicken, die für so was zuständig ist? Denn eure Bullen hatten auch Böcke auf Kloppe, ist doch klar.‹ ›Nee, da nehmen wir unsere Anzeige zurück, und Sie nehmen Ihre Dinger auch wieder mit.‹ Es ist nichts dabei rausgekommen, es ist eingestellt worden.

Andreas und seine Freundin – damals hochschwanger, achteinhalb, also kurz vor der Niederkunft, ganz dicker Bauch schon – gingen über den Hein-Köllisch-Platz, das war am 1. Januar. Sie hatten reingefeiert, waren reichlich blau und trafen so 'n etwas dümmlichen kleinen Zuhälter mit seiner Töle auf'm Platz, und der sagte: ›Wir müssen hier vorbei.‹ Es war genug Platz, versteht sich, war auf Anmache aus. Also sagt Andreas: ›Aber nicht an mir!‹ Der hatte ’n Ballermann in der Tasche, dieser Zuhälter, und den hat Andreas ihm abgenommen. Hat ihn aber nicht bedroht mit dem Ding, sondern nahm den – mußte dir also vorstellen, der auf der einen Seite, mit seiner Ollen, die immer schrie: ›Laß das, laß das, hau dich doch nicht, sonst kommen die Bullen!‹ und Andreas mit seiner Hochschwangeren, die ihn auch wegzog. Aber Andreas hatte irgendwie Bock auf Kloppe und hat also die Pistole genommen und ihm hinten auf ’n Kopf draufgehauen, und der kriegte ’n Riesenloch und fiel in ’n Schnee – ach, war nichts weiter, ’ne Platzwunde oder so, war aber erstmal ohnmächtig. So, und nun warf sich seine Frau über ihn, und nachdem sie sich lange genug über ihn geworfen hatte, ging sie auf Andreas los. Der wiederum ist zwar ’n Hauer, aber ’ner Frau würde er nicht mit ’ner Pistole über ’n Kopf hauen. Nun kam aber die Situation, daß sich seine Hochschwangere mit ihrem dicken Bauch auf die andre stürzte. Es gab also ’ne Riesenkeilerei auf dem Platz. Leider verpißten sich Andreas und seine Freundin, während die andere bei ihrem Ollen heulte und der immer noch in seinem Blute lag. Pistole war weg und auch die Brieftasche.

Bei der Verhandlung später stellte sich folgendes heraus: Andreas soll ihm natürlich – der Typ hat das behauptet – die Brieftasche geklaut haben. Gut, er hat mit Sicherheit die Pistole geklaut, die hat er nämlich versetzt, das weiß ich. Scheiß drauf. Aber das heiße war: Der Mann kommt in die Gerichtsverhandlung rein, hat so eine Wildlederjacke an und sagt: ›Die hab ich auch angehabt, als mir das passiert ist.‹ ›Gut‹, sagt der Richter, ›nun zeigen Sie doch mal, wenn Sie behaupten, daß der Ihnen die Brieftasche geklaut hat, wie ist das denn passiert?‹ ›Ja‹, sagt der, ›passen Sie mal auf. Die hab ich hier drin gehabt, und ich weiß das ganz genau, ich hab nämlich ’n Loch unten in der Seitentasche, und die müßte ganz weit runtergerutscht sein.‹ Faßt er sich an die Tasche: ist das ganze Futter unten auch kaputt, die ist also einfach rausgefallen. Da ist er – hat kein Wort gesagt, aus dem Gerichtssaal rausgegangen. Das war also die Geschichte mit Andreas im Schnee, also, das war wirklich schön.

Eine andere Geschichte passierte im Sommer vor zwei Jahren. Es war mein letzter Arbeitstag, und danach wollt ich in Urlaub fahren, und Rudi machte immer folgendes: Er arbeitete damals im Hafen und hatte zwei ältere Frauen, die für ihn so ’n Puff organisierten, aber das klappte alles nicht so ganz. Und er war immer schlechter Laune und trank entsprechend. Da hat er gesagt: ›Ja, weil Sommer ist und ich im Hafen arbeite, will ich was für eure Kinder tun.‹ Hat er also eine Riesenstaude von Bananen mitgebracht, kam mit’m Motorrad bei uns auf ’n Spielplatz, was nicht erlaubt ist, mit so ’m schweren; verteilte also an alle Kinder. Und als Höhepunkt dieser Aufführung – alle Kinder ganz glücklich – durften sie auch auf seiner schweren BMW fahren. Über den Platz, wo kleine Kinder spielten. Hab ich zu ihm gesagt: ›Rudi, du, ich find das unheimlich nett, was du alles für uns tust, aber das geht nicht.‹ ›Alles klar, alles klar! Gut‹, sagte Rudi, ›ich mach das.‹ Nächsten Tag kam er wieder mit ’ner Bananenstaude an. Und diesmal war er stockbesoffen und fuhr erstmal ’n paar Schlangenlinien auf’m vollbesetzten Spielplatz. Da hab ich gesagt: ›Rudi, verpiß dich, jetzt reicht’s mir.‹ Dann hat aber ein Jugendlicher, also einer von meinen Leuten da, hat also ohne mein Wissen die Polizei angerufen und gesagt: ›Der macht das gleiche jetzt auf der Fischerstraße‹, wo damals noch ’n bißchen mehr Verkehr war, ›das geht nicht‹. Hat er ja recht gehabt. Polizei kam, das hab ich aber alles nicht mitgekriegt, und hat Rudi geschaßt. Rudi war blau und hatte keinen

Führerschein, also, es war alles im Eimer. Ich war drüben in unserer Tagesstätte, kam nach 'ner halben Stunde zurück und sah zu spät, daß Rudi vor unsrer Tür stand und die Bullen fragte, wer ihn denn angeschwärzt hätte. Ja, vom Spielplatz irgend jemand. Und der konnte das nur mit meiner Person in Verbindung bringen. Bevor ich was sagen konnte, kriegte ich zwei aufs Ohr, fiel gegen 'ne Wand und war bewußtlos. Als ich aufwachte, war 'n Notrettungswagen auf'm Platz, Riesenzauber, ab ins Hafenkrankenhaus. Ich fragte: ›Wie ist denn das passiert, ich weiß gar nichts mehr.‹ Ja, soundso. Und der Andreas hätte ihn fast totgeschlagen dafür. Rudi hat sich dann verpißt, ist nach Hause gegangen, hat sich hübsch gemacht, war gleich zum

Hafen gekommen, rasiert, Anzug angezogen, und ist zur Polizei gegangen, hat sich also selbst gestellt. Nun dachte er aber nicht, daß sie das schon mit der Hauerei spitzgekriegt hatten. Er wollte nur nochmal sagen, daß es ihm leid tue, daß er ohne gültigen Führerschein auf'm Motorrad fährt. Das nützte aber nichts, denn die hatten das inzwischen rausgekriegt. Er mußte also erstmal auf der Wache sitzen. Dann hat er mich nachher im Krankenhaus besucht mit einem schönen Strauß Blumen und hat gesagt, daß ihm das alles sehr leid tue und ob ich ihm denn nochmal verzeihen könnte. Na ja. Es kam die Gerichtsverhandlung. Ich hatte meine Anzeige zurückgezogen, und Rudi stellte sich vor den Richter hin und sagte: ›Herr Richter, ich muß Ihnen eins sagen: Das mit Herrn Melchers tut mir leid, aber es hätte noch viel schlimmer kommen können, ich hab nämlich Eisensohlen an den Schuhen. Ich wollt ihn nämlich zuerst auch noch treten. Gut, daß ich das nicht getan hab.‹«

Reise nach Afrika

Sie waren zwölf. Blond, pausbäckig und O-beinig der eine; hager, eher schmächtig und mit zwei linken Händen der andere. Kalle und Fiete. »Zum Leidwesen meiner Eltern bolzte ich jeden Monat ein paar Schuhe durch und hatte ein Fahrrad erbeutet, das zwar lief, aber keine Bremsen hatte, weder oben noch unten. Man mußte sich auf die Seite fallen lassen, um anzuhalten. Hatte ich in Opas Schuppen gefunden, der war so 'n Tüftler, aber da hatte er wohl versagt. Es sah ziemlich gammelig aus, und der Sattel war auch nur noch eine einzige Feder, weil das Leder ab war. Aber das Schönste waren die Katzenaugen an den Pedalen. Da stand ich drauf, weil die so funkelten. Hätte ich am liebsten in unserer Höhle auf dem Trümmergrundstück 'ne ganze Wand von voll gehabt. Fiete fand Radfahren doof, der war nicht so sportlich. War mehr sensibel, fraß auch seine eigenen Popel. Hab ich auch mal probiert, aber mir schmeckten sie nicht. Er sagte immer, da seien Vitamine drin. Fiete war ganz stolz auf sein Weckglas mit Stichlingen. Ich hab da mal 'n paar von angebraten mit Vaters Lötkolben. War ja nicht viel dran, und wie Heringe schmeckten sie auch nicht. Fiete meinte, die legt man nur auf gekochte Eier zur Zierde. Hab ich nie geglaubt. Als ich da so Protein reingetan hab, was mir ein Bodybuilder geschenkt hat aus der Seilerstraße, da gingen sie ein, anstatt zu wachsen. Das war ihnen wohl zu anstrengend. Fiete hat geheult. Fiete war damals wohl noch 'n bißchen schwach im Kopf, weil er immer so häufig Nasenbluten hatte.«

Kalle war ein Abenteurer, Fiete mehr der Mitläufer in dieser Freundschaft. »Man mußte ihn erstmal in Gang kriegen, dann lief das schon. Einmal wurde Fiete fast ohnmächtig, weil ich ihm einen Frosch in sein Müsli getan hatte. Dabei war das unheimlich schwer, auf St. Pauli überhaupt einen Frosch aufzutreiben. Sollte eine Überraschung sein, aber das schnallte der gar nicht.«

Eines Tages hatte Kalle einen Plan. Fietes Oma hieß Berta, Berta Holler, war alleinstehend und lebte von ihrer Rente in einer kleinen Dachwohnung in der Wohlwillstraße. Sie war mal bei der Post. Zwei gemütliche Zimmer mit einer kleinen Küche, mit einem Bord voller kupferner Backformen und einer hohen Kaffeekanne mit blauem Zwiebelmuster. Das war ihre Sparkasse. Immer wenn sie ihre Rente bekam, kletterte sie auf einen Küchenschemel und steckte das meiste Geld in diese Kaffeekanne. »Sie paßte immer auf, daß wir Kinder das nicht mitkriegten. Bei Fiete klappte das auch, aber bei mir nicht.« Ein kühner Plan reifte heran.

Oma Holler hatte offene Beine und mußte einmal in der Woche zum Verbinden aus dem Haus. Sonst ging sie nie weg oder nur kurz mal zum Kaufmann um die Ecke. Die Küchentür ließ sie immer auf, weil da das Katzenklo für »Negus« stand, ihren pechschwarzen Kater, der keine Kinder mochte. Den liebte sie abgöttisch, sogar auf den Tisch durfte er, was Kalle als »Schweinerei« bezeichnete. »Ich hatte ein Album mit Bildern von Afrika, die waren in den Haferflocken drin. Immer eins in jedem Paket, und die mußte man einkleben. Fiete fand das auch schön. Wir beide fanden Afrika schön, auf allen Bildern schien die Sonne.« Es war gerade wieder Dom auf dem Heiligengeistfeld, es regnete schon über eine Woche. »Jetzt müßten wir in Afrika sein«, sagte Kalle, »aber das ist bestimmt weit.« Er war nie gut in Erdkunde gewesen. Fiete war da besser, Fietes Vater war ja auch Gärtner. Fiete sagte: »Afrika liegt gleich hinter Großhansdorf.« »Das ist ja toll, da fährt sogar die S-Bahn hin«, sagte Kalle und war begeistert. Er sah sich schon mit einem zahmen Löwen im Arm, »jedenfalls mit einem kleinen«. In so was konnte er sich auf Fiete verlassen, der kannte jeden Winkel auf St. Pauli, auch die unterirdischen Gänge und die alten Luftschutzkeller unter der Jugendherberge am Stintfang. Das Problem waren nur die Finanzen. Aber Kalle sah da keine Schwierigkeiten, wenn er an Oma Hollers Kanne dachte. Fiete hatte da gewisse Hemmungen, schließlich wollte er Oma ja mal beerben. Kalle sprach ihm Mut zu, »das ist ja gewissermaßen wie 'n Vorschuß«. Das überzeugte Fiete. Ein Hocker wurde auf den Küchentisch gestellt und dann der Griff ins Bare. Ein paar Scheine ließen sie drin, damit Oma nichts merkte. Da sie nun noch Reiseproviant brauchten, nahmen sie Omas Henkelkorb, in dem sie immer ihre Wäscheklammern aufhob, und stellten zwei Gläser von ihrem selbstgemachten Pflaumenmus hinein. Dazu

noch das Stück Hartwurst, was im Eisschrank lag, eine Flasche Rharbarbersaft und eine Handvoll Mohrrüben für die wilden Tiere. Kalle nahm zur Sicherheit das alte Tranchiermesser von Opa Holler mit und die kleine Taschenlampe, die Oma immer benutzte, wenn sie in den Keller ging, um Kohle zu holen. »Wir sagten keinem, wohin wir gingen. Denn wir hatten beschlossen, unsern Eltern eine Ansichtskarte zu schicken. Herzliche Grüße aus Afrika. Die würden Augen machen: Afrika.«

An der U-Bahn St. Pauli ging das Abenteuer los. Fiete hatte Ohrensausen vor Aufregung. Kalle übernahm die Führung, weil er den Kompaß seines Vaters hatte, der war wichtig wegen der Richtung. Fiete durfte den Korb tragen, hatte Kalle entschieden. Umsteigen am Hauptbahnhof in Richtung Großhansdorf. Es begann bereits dämmrig zu werden. »Also, in Afrika regnet's auch, die Bilder sind falsch.« »Ach, du bist blöd, wir sind doch noch gar nicht da!« Damit trotteten die beiden in den Abend hinein, die Landstraße entlang, Richtung Süd-Südwest. Bei einer Rast stärkten sie sich mit Pflaumenmus und Rharbarbersaft. »Sind wir denn immer noch nicht da?« nörgelte Kalle, denn ihm taten die Füße weh. Fiete trabte weiter, ohne sich umzudrehn. »Wir müssen bald da sein, dahinten wo's flach wird, müßte die Savanne sein.« Er hatte natürlich das Album mit und kannte sich aus. Der stärker werdende Regen störte ihn nicht, denn er hatte seine Öljacke an, während Kalle die seine vergessen hatte. »Was soll ich in Afrika mit 'ner Öljacke?« Seine Füße brannten, die Schuhe drückten, und sein Verlangen nach Afrika senkte sich ab bis auf den Nullpunkt. Schließlich war ja St. Pauli mit seinen vielen Verstecken auch ganz schön. »Ich konnte doch nicht wissen, daß das so weit ist.« Und weiter in die Dunkelheit hineinzulatschen gefiel ihm auch nicht; in der Dunkelheit sah man ja keine wilden Tiere, oder man

konnte aus Versehen auf eine Schlange treten, und die verstand vielleicht keinen Spaß.
Fiete war schon ein gutes Stück voraus und lief immer weiter. »Na ja, verhungern würde er nicht mit seinem Korb«, dachte Kalle. Die Kompaßnadel zitterte unentschlossen. Afrika, wo war Afrika? Fiete war nicht mehr zu sehn. »Ich war auch ein bißchen Invalide, hatte mir meine Ferse aufgescheuert. Das konnte man fühlen. Ehrlich. Ich humpelte, und von so was konnte man Blutvergiftung kriegen.« Kalle beschloß umzukehren.
Wieder auf St. Pauli legte er die Reisekasse in Naturalien an: in Brausepulver und Salmis, die man zu einem Stern auf dem Handrücken zusammenpappen konnte, um sie dann abzulecken; dazu eine große Tüte Gummibärchen, Goldnüsse und Negerküsse. Es war so praktisch, daß man noch abends bei Frau Bauer in der Bernhard-Nocht-Straße klingeln konnte, wenn man was wollte, die hatte einen kleinen Kolonialwarenladen. Seinen Schatz versteckte Kalle in ihrer gemeinsamen Höhle in einer Blechkiste, weil die ein Vorhängeschloß hatte. Für alle Fälle. Erwachsene entwickeln nämlich manchmal so merkwürdige Ansichten über Magenverstimmungen und Ernährungsgewohnheiten von Kindern.
Oma Holler hatte inzwischen den Raub ihrer Ersparnisse entdeckt. Die Eltern entwickelten eine angsteinflößende Geschäftigkeit, telefonierten herum, stellten unangenehme Fragen. Kalle flüchtete sich in die Welt der kleinen Notlügen und durfte ins Bett, weil er so blaß aussah und über Bauchweh klagte. Damit wähnte er sich aus dem Donnerwetter heraus und lutschte genüßlich seine Goldnüsse. Doch als Stunden später ein Peterwagen den flennenden Fiete nach Hause brachte – Kalle hatte bis zum Schluß darauf gehofft, daß ihn die wilden Tiere gefressen hatten –, war's mit seiner Nachtruhe vorbei. Die Geschichte war geplatzt. Streit der Eltern untereinander, Fiete gegen Kalle und Omas

DAS LEBEN IST NICHT
TOTZUKRIEGEN!
Frische
Landeier

schreckliche Drohungen gegen die beiden »Verbrecher«. Auch der Schatz wurde entdeckt, und damit war alles aus: Ohrfeigen, Stubenarrest und Verlust des Taschengeldes für die nächsten Monate. Nur in einem Punkt waren sich Kalle und Fiete einig: nie wieder Afrika.
Heute ist Kalle Hausmeister auf St. Pauli und Fiete Direktor einer der größten Mineralölfirmen.

Waren freundliche Leute

»Die Wohnung in der Friedrichstraße gehörte Willy, doch der wollte da raus. Es dauerte noch 'n paar Wochen, bis er was Geeignetes fand und ich einziehen konnte. In der Zwischenzeit hatte ich das Problem mit Elke. Elke war die Beschützerin von Willy, sagen wir mal so: Er war ihre große Liebe. Elke war ehemals Maurer, war 'n Schuppen, und als Elke mal auf Urlaub aus dem Knast kam, mußte ich richtig um mein Leben fürchten. Aber als Elke dann festgestellt hatte, daß ich nur der Nachmieter und als Konkurrenz nicht ernst zu nehmen sei, da hat sie mich unter ihre Fittiche genommen. Und das war fast noch schlimmer. Später, als ich dann beim Einräumen war, habe ich noch vereinzelte Beutestücke gefunden, Uhren, 'n Diamantring, alles geklaute Sachen. Elke war ja nicht umsonst im Knast. Ihr Willy ist heute immer noch auf der Meile, aber ich habe ihn nach seinem Auszug aus den Augen verloren. In dem Haus war alles vermietet und fast alles in Ordnung, so einigermaßen jedenfalls, was Küche, Klo und Dach betraf. Drei Zimmer kosteten etwa 140 Mark mit Ofenheizung und meine Werkstatt mit vier Räumen nochmal das gleiche. Das Haus war um die Mitte des

letzten Jahrhunderts erbaut. Hätte noch so 'n schnuckliges Etwas werden können, wenn man vor dreißig bis vierzig Jahren angefangen hätte, das Haus zu erhalten. Vor dem Krieg sind alle Häuser hier in der Straße noch gepflegt worden. Hübsche kleine Fischer- und Arbeiterhäuser, so im alten Stil. Die Treppe war 'ne Hühnerleiter, eng und steil, aber die Öfen gaben im Winter 'ne kernige Wärme, obwohl die Fenster nicht mehr so richtig schlossen. Der nächste Schritt war, daß ich befreundete Leute ins Haus geholt habe, wenn 'ne Wohnung frei wurde. Bis wir dann vier Wohnungen im Haus hatten. Da lohnte sich das auch für uns, 'n bißchen Ordnung zu schaffen.
Zuerst fingen wir an, die Böden aufzuräumen und mühsam bei den Sperrmüllterminen das Gerümpel wegzuschaffen. Dann nahmen wir uns den Innenhof vor. Haben uns da Tischchen reingestellt und Kaffeezeit gemacht. Da gab's zwei alte Fliederbäume und noch 'n richtiges Stückchen Erde, wo man Vergißmeinnicht anpflanzen konnte. Diesen Innenhof konnte man nur durch das Rückfenster meines Ateliers erreichen. Mein Atelier habe ich natürlich auch erst herrichten müssen. Der Vermieter wollte es schon gar nicht mehr vermieten. Da war früher 'ne Fahrradwerkstatt drin, und es lag noch bergeweis Dreck rum. Penner hatten sich da heimlich eingenistet und überall hingeschissen. Alles war kaputt und abmontiert, was noch irgendwie verwendbar war. Ich hab's einmal durchgegipst und rundum weiß übertüncht. Hab 'n Ofen reingestellt, damit es wieder halbwegs trocken wurde, neue Fensterscheiben eingesetzt und so. Und innerhalb von 'nem guten Jahr war unser Haus plötzlich wieder richtig lebendig. Sieben Parteien waren wir und dazu noch mein Malatelier. Es war richtig wohnlich.
Inzwischen waren die Bebauungspläne heraus, und der Vermieter tat nun gar nichts mehr, auch nichts am

Dach. In den Sturmnächten im November und im Februar fielen manchmal Ziegel runter. Die Häuser sollten alle von der SAGA übernommen und abgerissen werden. Proteste nützten überhaupt nichts mehr, der Hauswirt reagierte nicht mal mehr auf eingeschriebene Briefe. Unser Dach sah inzwischen aus wie ein Schweizer Käse. In meiner Küche leckte es durch, so daß ich Wassereimer aufstellen mußte, wenn es regnete. Das Haus wurde, so sehr wir uns auch dagegen wehrten, systematisch runtergewirtschaftet. Man vergaß angeblich, in Frostnächten das Wasser abzudrehen, so daß die alten Rohre platzten, das ganze Haus unter Wasser stand und es damit noch feuchter als vorher wurde. Aus der Zeit habe ich immer noch Rheuma im Arm. Und

langsam erlahmte natürlich auch unser Widerstand, weil du nicht mehr genau wußtest, gegen was du dich stemmen solltest, der Zusammenbruch kam von allen Seiten, der Schimmel durch die Tapeten, der Schwamm durch die Fußböden, in der Decke zeigten sich immer größere Risse, der Putz blätterte ab, undichte Leitungen, verstopfte Toiletten, bröckelnder Kitt in den Fenstern. Wo sollte man da noch ansetzen?
Das Gesicht unseres Hauses veränderte sich immer mehr, auch durch die Bewohner des Hauses, besonders die älteren, denen die Kraft fehlte. Herr und Frau Timm zum Beispiel, die wohnten da schon seit etwa fünfzig Jahren und hatten quasi ihre ganze Ehe dort verbracht, und eben Harry, der Typ mit der Beinahe-Opernkarriere.
Dann tauchte auf einmal das Gerücht von der Räumung auf, keiner wußte so recht, woher es eigentlich kam, es war plötzlich da wie eine Bedrohung. Kündigung, Räumung, Abriß. Obwohl keiner was Schriftliches in Händen hatte. Das ging ein paar Monate. In dieser Zeit starb Frau Timm. Und wenige Wochen darauf Herr Timm, ohne große Krankheitsgeschichten, einfach so, als hätte jemand leise eine Tür geschlossen. Sie waren auch im Leben nicht sehr auffällig. Zwei körperlich kleine Menschen. Herr Timm war 'n Hafenarbeiter und später dann auf Rente. Und Frau Timm 'n aufgewecktes Persönchen, total verhutzelt und wirkte wie konserviert durch Alkohol. Ich sah sie immer morgens, wenn sie ganz eilig schräg über den Hein-Köllisch-Platz huschte, rein in den Milchladen um die Ecke, Brötchen holen und dann weiter in ihre Stammkneipe. Den ersten Schluck, den mußte sie morgens in der Kneipe haben. Den Rest hat sie sich dann zu Hause zur Brust genommen, war weit über siebzig. Zwei Kinder hatten sie, aber wenig Kontakt. Die mochten wohl irgendwie die Umgebung nicht. Dafür hatten sie zwei kleine Vögel-

chen, zwei Wellensittiche, müssen uralt gewesen sein, aber liebevoll gepflegt. Ihre Wohnung war einfach, aber sehr gemütlich eingerichtet, blitzblanksauber, da war nix Unebenes. Mein erster Eindruck, den ich hatte, war ein fürchterliches Gesicht, das aus der Tür geschossen kam und mich ankeifte: ›Was ist denn das für ein Gepolter hier?!‹ mit einer furchtbaren Stimme, sehr versoffen. Es war erst sieben Uhr abends, und ich mußte ja irgendwie mit meinen Sachen nach oben in meine Wohnung. Das hab ich ihr erklärt, daß ich ja wohl irgendwie auch einziehen müßte und daß das auch nicht ganz ohne Krach abgehen würde in dem engen Treppenhaus. Und dann war alles in Ordnung. Die Tür ging wieder zu. Und 'n paar Tage später war das Gesicht ganz freundlich. Im Laufe unseres nachbarlichen Zusammenlebens kam sie sogar manchmal und lieh sich eine Tasse Mehl oder Zucker, oder ich holte mir 'n paar Sicherungen von ihr. Wenn wir uns im Flur trafen, klönten wir ein paar Minuten auf der Treppe, oder sie lud mich ein auf 'ne Tasse Kaffee und frischen Puffer mit Rosinen. Das ging ganz locker. Daß ich ein Kunstmaler war mit einem richtigen Studium, fanden die beiden eher normal, die fanden das nicht so besonders. War mir nur recht.

Es war anregend, in der Friedrichstraße zu arbeiten, in meinem Parterre-Atelier. Im Sommer hatte ich immer die Tür auf, und jeder konnte reinkommen. Davon haben die Leute auch regen Gebrauch gemacht. Haben mir Sachen gesagt, ich kam ja grade von der Kunsthochschule, und da hörst du so was ja nicht, so unvoreingenommen und frisch. Gefühlsäußerungen zu meinen Bildern, ganz ohne Ansprüche auf Wissen und Können, frei von der Leber weg. Haben auch nie irgendwas geklaut. Waren freundliche Leute, alte St. Paulianer aus der Umgebung, mit so 'm ruhigen Ton, die machten keine großen Schnacks.

150

Nur am Sonntagmorgen, die Typen vom Fischmarkt, das war unerfreulich. Da hab ich dann auch immer die Tür zugemacht. Das war so 'n angesoffener Pöbel. Leute, die irgendwie versuchten, mich in ihr Fischmarkterlebnis zu integrieren. Was natürlich nicht in meine Sonntagmorgenlaune paßte. Versuchten auch schon mal 'n Bild zu kaufen, wie 'ne Banane. Es ist ja ohnehin so, daß die Fischmarktbesucher im Quartier St.-Pauli-Süd nicht sehr beliebt sind bei den Bewohnern. Das sind ›die Ausländer‹ – auch wenn sie aus Hamburg kommen –, die sich meistens ganz dämlich aufführen, wenn Fischmarkt ist. Dann meinen sie, alles müßte vor ihren Nasen auf den Tischen tanzen. Die geben da unten ihre fünf Mark für Bananen aus und glauben, das müßte zu einem Rundumerlebnis werden und alle müßten mitmachen, auch die Anlieger. Doch die wollen den Fischmarkt nur dazu benutzen, um einzukaufen. Klar, es ist auch ein Erlebnis, diese Fülle und die vielen Menschen, ist toll. Oder morgens einfach nur in der Sonne am Fenster sitzen und 'n bißchen den Sonntagmorgen genießen, 'n bißchen gucken. Ich hatte von meinem Fenster sowieso das schönste Licht für meine Bilder. Wenn die Besucher aber partout nicht einsehen wollen, daß die Bewohner der umliegenden Straßenzüge ihre Ruhe haben wollen, macht das 'n schlechten Eindruck. Ich war jedenfalls nach 'ner gewissen Zeit richtig sauer. Die meisten alteingesessenen St. Paulianer waren da sehr gelassen, Rollo runter, fertig, und die Klingel abgestellt, wenn die krakeelenden Horden vorbeikamen. Bei den Älteren äußerte sich das durch Nichtbeachtung. Für sie war der Fischmarkt so was wie 'n fester Bestandteil, der auch sehr wichtig war, der auch einen ganz entscheidenden Anteil an dieser Umgebung hatte. Aber er war eben kein Kuriosum für sie. Und wenn sie mal am Sonntagmorgen Besuch zum Frühstück bekamen, unangemeldet, dann

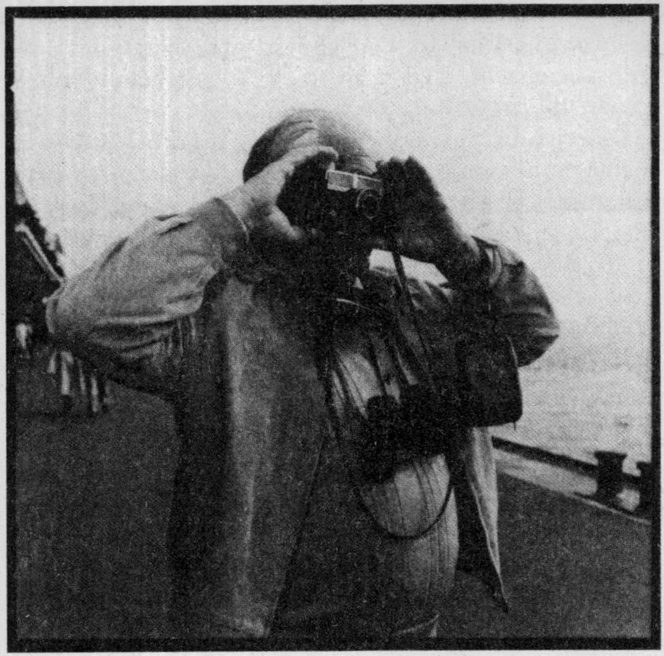

nahmen sie ihre Gäste nicht mit, um ihnen auf die Schnelle den Fischmarkt zu zeigen, sondern um rasch Brötchen, Aufschnitt und Eier zu kaufen. Das ist der Unterschied.

Ich hab mich sehr schnell dort zu Hause gefühlt. Ich kam vom Lande, einem kleinen schleswig-holsteinischen Dorf. Auf St. Pauli, jedenfalls hier hinten an der Hafenseite, habe ich ein ähnliches Gefühl gehabt. Wie in meinem Dorf, überhaupt kein großstädtisches Gefühl. Jeder benahm sich so, als würde man sich kennen. Keiner vermittelte einem das Gefühl, man sei fremd. Die Berufe waren sehr gemischt. Aber Großverdiener waren keine darunter. Es gab einen hohen Anteil an Arbeitern, einen hohen Anteil an Ausländern, mit denen es erst in den letzten Jahren Probleme gibt, besonders mit denen aus der zweiten Generation, und eben viele alte Leute, viele Rentner. Bis vor zwei Jahren habe ich mich hier ausgesprochen sicher gefühlt. Inzwischen haben sie nun auch schon das Nachbarhaus abgerissen, wenige Monate nach meinem Auszug. Als die Kündigung für uns alle dann endlich kam, empfanden wir es fast schon wie eine Erlösung.«

Inzwischen ist Henry umgezogen in den weißgetünchten, stillgelegten Bau des alten jüdischen Krankenhauses in der Simon-von-Utrecht-Straße. Erste Etage mit Blick auf den Hamburger Berg. Durch lange, unfreundliche Flure geht man die Treppen nach oben, Graffiti an den Wänden, Kinderverse, Namen und Ausländerparolen, Unrat in den Ecken, hier und da eine leere Flasche, ausgetretene Zigarettenkippen, ein aufgerissener Kinderball und eine Handvoll Flugblätter in türkischer Sprache. Das ehemalige Heine-Krankenhaus ist in Besitz der staatlichen Sprinkenhof AG, der Quadratmeterpreis war günstig, 5,50 DM, die Heizung im Keller extra. Alle Versuche, etwas über seine spätere Verwendbarkeit herauszufinden, wurden abgewimmelt. Inzwischen soll es unter Denkmalschutz gestellt sein. Geplant war auch, ein Altersheim daraus zu machen. Als sich aber herausstellte, daß die Schallisolierung und das Umkrempeln des gesamten Innenlebens mindestens zwanzig Millionen verschlingen würde, ließ man das Projekt sang- und klanglos unter den Tisch fallen. Und dabei ist es bislang geblieben.

Sie leben hier zu dritt, zusammen mit einer schwarzen Katze und Antschi, einer echten St. Paulianer Promenadenmischung, die immer Wasser läßt, wenn sie sich aufregt, sich freut oder sich streicheln läßt und nicht grade aus dem Lande der Riesen ist. Der Alltag ist recht flockig und arbeitssam, ein ambulanter Blumenstand sichert den Lebensunterhalt – bei einem Vierzehn-

Stunden-Tag. Und später soll es das bis unter die Decke mit Trockenblumen angefüllte Zimmer werden, alles säuberlich in Regalen geordnet. Trockenblumensträuße, behauptet Henry, gehen immer! Vor dieser überwältigenden gedörrten Pracht mit den ermüdeten Farben will ich es ihm wünschen. Das Terrain, das sie gemeinsam bewohnen, nimmt gar kein Ende, jeder hat seinen eigenen, individuell gestalteten Lebensraum, dazu die gemeinsame Wohnküche und das neu eingebaute Bad.

»Ich fühl mich wieder zu Hause«, stellt Henry fest mit vollem Mund, Antschi und die Katze bettelnd um seine Knie, »ich geh eigentlich nie aus, halte mich nur in meinen Räumen auf. Für mich ist es nicht entscheidend,

daß ich dreißig Kneipen kenne, sondern daß ich aufatmen kann, wenn ich nach Hause komme. Für mich ist es wesentlich, das ich hier gar nichts zu erleben brauche. Das unterscheidet mich von den Touristen. Wenn ich irgendwohin fahr, daß ich nicht gleich erzählen muß, was ich hier für tolle Geschichten tagtäglich erlebe. Daß hier gestern nacht wieder eine riesige Schlägerei war, mit vier Peterwagen. Das ist 'ne Sache, die gehört zwar irgendwie mit dazu, aber das ist mir nicht so wichtig, daß ich sie jetzt jedem unter die Nase binden möchte. Neulich zum Beispiel hatten wir vergessen, Brot zu kaufen, und wir wollten zu Abend essen, es war so gegen 22 Uhr und kein Laden mehr offen. Da sind wir zu Tina in die Talstraße, die hängt um diese Zeit immer aus'm Fenster ihrer Steige überm UFO in der ersten Etage und arbeitet. Ihr Fenster sieht immer aus wie 'n exotischer Garten, mit Pflanzen und farbigem Licht, und da mittendrin liegt sie auf'm Kissen, mit wasserstoffsuperoxydblondiertem Haar und freizügiger Brust gegen Vorkasse. Sie teilt sich die Steige mit ihrer Freundin, wegen der Miete. Wir also zu Tina. Schon von weitem röhrt sie uns an mit ihrem Pernod-Alt: ›Eh, du geiler Schlittschuh, machst du heut auf Familientag?‹ ›Ach was, wir wollten dich nur fragen, ob du uns 'n bißchen Brot leihen kannst?‹ ›Wieviel braucht ihr denn, soviel hab ich ja auch nicht im Haus.‹ ›'n paar Schnitten reichen völlig, wir haben einfach nicht dran gedacht.‹ ›Okay, ihr könnt mein restliches Brot haben, ich hol mir morgen früh sowieso frisches. Ich glaub, ich hab noch 'n paar Brötchen da, die könnt ihr auch haben. Aber wartet so zwei Minuten, bevor ihr raufkommt, ich hab grad noch Kundschaft, die zieht sich an. Ich mach euch dann die Tür auf.‹ Das war typisch Tina, mit ihrem neurotischen Yorkshire-Terrier, Morgengabe einer Freundin, die überraschend in 'n Bau mußte. Wir warteten also zwei Minuten. Auf der Treppe kam uns ihr Kunde entgegen, ohne zu grüßen, 'n Oberlehrertyp mit Brille im Mantel. Tina stand schon leicht geschürzt im Flur, synthetische Flauschpantoffeln in Pink an den Füßen. ›Kommt rein.‹ Das Zimmer wie 'ne überheizte Plüschgrotte, war nur im Slalom durchzukommen. Das breite Bett, vorne besteigbar, war durch 'ne Schamwand abgeteilt, hatte Atmosphäre, 'ne Mischung aus Puppenhaft-Verspielt und orientalischem Lustpfuhl. Tina brachte das Brot, in der anderen Hand die restlichen Brötchen. ›Ich hab euch 'ne Plastiktüte mitgebracht.‹ ›Du bist ein Schatz.‹ So war Tina, grade heraus und zupackend, nicht mehr ganz fabrikneu, aber unheimlich zuverläßlich und praktisch. Die Seelenkiste hatte sie nicht drauf. Sie war 'ne Resolute. ›Ich hatte mal 'n festen Freund für fünf Tage, und dann hatte ich die Nase voll.‹ Als wir mit unserem Brot zurückkamen, hatte Hans grade den Tee fertig.

St. Pauli hat heute die Funktion eines Sammelbeckens für Menschen, die man in den anderen Stadtteilen nicht so gerne sieht, die man aus dem Gesichtsfeld haben möchte. Wenn ich zum Beispiel Leuten in Eppendorf oder Kunden erzähl, daß ich in St. Pauli wohne, treffe ich erstmal auf Verständnislosigkeit. Wie denn der nette Blumenhändler von nebenan auf St. Pauli leben kann, das verstehen viele Leute gar nicht. Nicht daß sie mir das vorwerfen, sie wissen nur nicht, wieso das überhaupt für jemanden erstrebenswert sein kann. Die sind nicht böse darüber, sie wissen nur nichts mit dieser Information anzufangen. Denn das ist eben eine vorgefaßte Meinung: In St. Pauli wohnt man nicht. Das ist auch ein Phänomen der Verdrängung. 40 000 bis 45 000 Gäste kommen täglich nach St. Pauli, ungefähr ebenso viele dürften hier als alteingesessene St. Paulianer leben mit ihrer eigenen Moralität, ihrer eigenen Spießigkeit, ihrer spezifischen Verletzlichkeit, ebenso bürgerlich oder unbürgerlich wie in anderen Teilen dieser Stadt.

Die Menschen, die man nicht so gerne sieht, die haben ja auch eine Kehrseite.
Arbeiter und arme Leute hatten noch nie 'ne große Lobby, und die großen Geldverdiener, die wohnen sowieso woanders, auch wenn sie ihr Geld in der Nacht hier auf St. Pauli gemacht haben. Prostitution, illegale Vergnügungen, die man mit hanseatischem Dünkel nicht in den eigenen Reihen dulden wollte, aber doch gebraucht hat. Dafür war dann St. Pauli wieder gut genug.
Schon damals, als die Städte Hamburg und Altona noch nicht so zusammengewachsen waren, hat sich dieses St. Pauli ungeheuer entwickelt, war die Reeperbahn umgeben von seinen vielen Vergnügungspalästen, Hotels, Theatern und Cafés, dieses moussierende St. Liederlich, eine kleine Champs-Élysées zwischen den beiden Stadttoren Millerntor und Nobistor. Ein prickelnder, grüner, vergnügungsträchtiger Corso mit riesigen Tanzetablissements und sechzehn Meter hohen künstlichen Wasserfällen, angestrahlt in buntem Licht. Natürlich hat sich da jetzt vieles verändert. Die Landschaft hat sich ausgekühlt, die Romantik haben sie abmontiert, vielleicht paßt sie auch nicht mehr in unsere Zeit, es sind auch andere Menschen nachgewachsen. Auch die Besucher haben sich verändert. Schau mal aus'm Fenster. Da drüben. Die da unten in jede Ecke pissen, das sind nicht die Leute, die hier wohnen. Das sind die Leute, die für 'ne Mark zwanzig die Sau rauslassen wollen.
Ich habe mich immer bemüht, möglichst wenig Erfahrungen mit denen zu sammeln. Ich bin da sicher ganz subjektiv, und vielleicht ist es nur mein sinnlicher Eindruck. Aber der war immer der von Lärm, Krakeel und nichts dahinter. Die Typen, die hier über St. Pauli ziehn, du wirst überall Geschichten finden, die tun immer so, als ob sie sooo 'ne dicke Brieftasche hätten. Dann gehn sie in'n ›Blauen Peter‹ und trinken für zwei

Mark vierzig zwei Bier und fühlen sich schon unwahrscheinlich versumpft. Und dann müssen sie auch prompt, sie gehn natürlich nicht auf die Toilette, hier in die Ecke und pissen da hin. Das sagt eigentlich alles. Da hat man gar keine Lust mehr, mit diesen Leuten näher ins Gespräch zu kommen oder denen mal wieder auf die Beine zu helfen, wenn ihr Fahrwerk außer Kontrolle geraten ist. Den Stammgästen, die da in der Kneipe sitzen, geht das genauso. Da gibt es ja 'ne ganze Menge, die sich da nur ihre tägliche Ration abfüllen lassen. Und die ihre Kneipe eben dafür brauchen, den ›Goldenen Handschuh‹, den ›Elbschloß-Keller‹, um von da auf ihre Geselligkeit zu schließen, ihre Stadtteilverbundenheit, ihre Nachbarschaft. Die haben alle keine Absicht,

mit diesen Typen in engeren Kontakt zu kommen und wenn, dann nur, um sie mal aufs Kreuz zu legen, verdienterweise. Denn jemand, der sich so benimmt, der fordert das ja irgendwie auch heraus, daß er mal übers Ohr gehauen wird.
Eines Tages ging ich mit Antschi über die Reeperbahn, und da kam uns so ein kleiner Drahtiger entgegen, ungefähr Antschis Größe, sogar ein bißchen zierlicher, ganz hell, eierschalenfarben, mobil und ganz aufgeregt, fast schon aggressiv. Hab ich mir gedacht, das könnt der Vater für Antschis Kinder werden; Kalle hieß er. Und als Antschi läufig wurde, hab ich sie mir gegriffen und Kalles Herrchen gefragt, wo sie denn wohnten und ob wir sie mal besuchen dürften für 'n Rendezvous. Wir durften. Kalle wohnte in einer Absteige, und da befindet sich auch eine Bierstube mit zwei oder drei Holztischen und Holzbänken. Da saßen lauter vierschrötige, totale Penner und Säufer um die Tische. Antschi und Kalle dazwischen und haben's da also getrieben unter großem Gejohle der Anwesenden und großem Publikumszulauf. Von allen Seiten kamen sie an und wollten zugucken. Nach 'ner Viertelstunde sind die beiden auseinander und Antschi unheimlich stolz und glücklich wieder runter auf die Straße. Jeden guckte sie an, als wollte sie ihm sagen: So, jetzt weiß ich Bescheid.
Dabei fällt mir auch der Spitzel ein, unten auf meiner Straßenseite, so 'n Typ Ende Zwanzig, sehr leger und anständig gekleidet. Sieht nicht aus wie 'n Stammkunde, so unauffällig auffällig bewegt er sich auch. Nicht wie 'n verliebter Kater. 'n zweites Gesicht ist mir auch noch dabei aufgefallen, tauchte ab und zu auf, wenn die sich wohl abwechselten. Einer jedenfalls ist immer auf Beobachtungsposten, es geht schon seit Monaten. Kurze Lederjacke und neue saubere Jeans, so 'ne Standartkleidung, daß da am Ende 'n St.-Pauli-Typ bei rauskommen könnte, theoretisch. Standartkleidung, wie man

sich das so vorstellt! Waren heute wieder da. Ich seh sie bloß immer tagsüber, denn nachts schau ich wenig aus'm Fenster. Für mich sind sie vielleicht nur deshalb so auffällig, weil ich sie kenn. Hatte schon manchmal den Gedanken, zu ihm runterzugehn, denn es war ja ziemlich ungemütlich im letzten Winter, und ihn zu fragen, ob er nicht von hier oben weiter observieren will. Aber das wär ihm sicher sehr peinlich gewesen, hätte er bestimmt nicht so witzig gefunden. Also hab ich's gelassen. Mußte gleich wieder dabei an Elke denken, die war ja so'n hochkarätiges Ding. Vielleicht ist sie ausgebrochen oder so was. Das Haus überm ›Blauen Peter‹ ist eine ihrer Anlaufstellen, war bekannt, da wohnt doch ihr Willy.

In der Fischerstraße damals, zwischen den jetzigen Abbruchhäusern, die man schon seit Monaten abreißen will, nachdem man sie systematisch verrotten ließ, war 'n altes Trümmergrundstück aus'm Zweiten Weltkrieg, total verwildert mit hohem Gras und vielen Büschen, und da lebten unheimlich viele Katzen. So große stattliche Katzen mit rötlichem Fell, die wurden von den Anwohnern gefüttert. Denn Ratten und Mäuse gab's schon immer reichlich auf St. Pauli. Also hielt man sich Katzen, riesige, rotgetigerte Katzen, die manchmal richtig 'n bißchen gefährlich aussahen, in 'ner Größe, die man sonst gar nicht kannte. Die brauchten halt 'n bißchen mehr Substanz, um in St. Pauli frei überleben zu können. Hatten auch 'n ziemlich dickes und dichtes Fell, weil sie im Winter auch draußenbleiben mußten. Mit der zunehmenden Ausländerschwemme verschwanden immer mehr von den Katzen. In der Paul-Rosen-Straße haben sie vor ein paar Monaten in einem Blecheimer, hinten in der Küche eines türkischen Imbiß, vierzehn Katzenköpfe gefunden.
Manchmal überkommt mich wieder die Lust, mich hinzusetzen und dieses St. Pauli zu malen in seiner vitalen, spröden Verletzlichkeit. Weißt du, für mich ist es wichtig, in einer Umgebung malen zu können, mit der ich bruchlos einverstanden bin. Und das ist genau hier der Fall.«

Hering, frische Struvbutt

»hering, frische struvbutt«, an einem wintertag,
das kopfsteinpflaster schneeig berillt, matschig
und angeschmutzt die wässernde kinderfreude.
»hering«, der ruf einer heiseren grogstimme:
brüchig und rauh,

blieb mir im jugendlichen ohr. der nahe umriß:
triefendes netzwerk bei eisgang, der geruch
von holz und tau und teer. das ölige brackwasser
des hafens, an den wanten der schiffe
in der früh.

der ruf hielt mich am fenster:
wie einen alten bekannten, der handwagen
mit dem zottigen hund in den leinenen
sielen. frosthauch mit hechelnder zunge, kurz
gegen neun. pelzbemützt, mit ohrenschützer
der mann, wollfäustlinge an den klammen fingern.
eine decke
dem hund um die zitternden flanken.
»hering, frische struvbutt.«

in kästen gestapelt: filet und dorsch,
die eisglitzernden schollen. zum einpacken:
alte zeitungen und mit klotzgewichten
die beuligen schalen. vom alter gedunkelt:
eine großzinkige gabel, fürs ausnehmen:
das abgeschliffene messer, den blechernen eimer
für innereien, köpfe und schwänze. katzenfutter
für zwei groschen.

abgewetzte filzstiefel an den füßen,
aus wehrmachtsbeständen. dunkelnde flecke
im schnee. beide: herr und hund, mit flocken gepanzert
vor dem handwagen. die straße hinauf
in der kehre, kundschaft erwartend:
»hering, frische struvbutt.«

eisblumenfenster: öffnen und schließen,
gardinengesichter und hastende frauen, strickjacken,
wärmende mäntel um die schultern, mit schüsseln
und tragnetz. hin und her im atemweiß:

gruß und gegengruß, der griff in die kisten,
die wechselmünze: mit dem nicken
des kopfes.

wortfetzen in platt, weitergereicht mit frostroter
hand: zeitungspakete mit schuppigem fisch.
rasch, nur rasch, denn hausschuhe
ziehen wasser.

der hund leckte schnee, viehsalzbestreut,
hin und wieder ging ihm ein zucken
übers fell.
dann zogen sie weiter. zweimal die woche,
solange ich denken kann,
beide.

kleiner pinnas und fischerstraße.
leise nur noch, wie vom schneefall
erstickt: »hering, frische struvbutt,
hering...
hering...«

Abgeknickt

»Harry war'n ganz kleiner Typ mit einem Mäusegesicht, Mitte Vierzig, schwerkrank mit einem Leberschaden und solchen Geschichten. War Seemann, hatte Koch gelernt, war auch als Smutje zur See gefahren. Als ich eines Tages meine Wohnungstür aufmachte, war das Treppenhaus bullig heiß. Ich hab mich gewundert, weil es draußen saukalt war, die Chausseebäume entlang der Reeperbahn waren wie in ein Futter aus Rauhreif eingenäht, waren richtig dicker geworden. Mochte ich leiden, denn so was haben wir nicht oft. Die Puste stand dir wie 'ne Wolke vor'm Gesicht, und deine Nasenhaare vereisten. Ich also nach unten, weil ich Befürchtungen hatte wegen Feuer, denn so 'n altes Gebälk brennt ja wie Zunder. Und da stand Harrys Wohnungstür auf. Das war der erste Kontakt mit Harry. Ich hatte zwar immer schon so was Verhuschtes unten auf der Treppe gesehn, wußte aber nicht mal, zu welcher Wohnung es gehörte. Ich rein in seine Wohnung, denn auf Klopfen reagierte er nicht. Harry saß zusammengesunken an seinem Küchentisch, die Klappe von seinem Backofen war sperrangelweit auf, die Wärme bullerte volle Pulle raus. Damit hatte er wohl das Treppenhaus geheizt und es gar nicht gemerkt. War total abgefüllt und völlig hilflos, stammelte irgendwelches wirres Zeug. Na ja, da hab ich mich erstmal 'n Moment zu ihm gesetzt. Hab einfach nur so dagesessen und versucht, ihm 'n bißchen zuzuhörn. Irgendwann hab ich gefragt, ob er nicht lieber ins Bett gehen möchte. Er hat nur ›ja‹ gebrummt. Ich ihn also ins Bett gepackt. Und das hat ihn wohl so beeindruckt, daß er von da an immer sehr freundlich zu mir war.

Eines Tages – es waren Wochen vergangen – bat er mich zu sich rein, hatte offensichtlich was auf dem Herzen. Nachdem wir dann 'ne Zeitlang miteinander gesessen hatten und reichlich Köm getrunken, kam er zur Sache: Ich als Künstler würde ja wohl Verständnis dafür haben, denn er sei auch ein Künstler und wolle das mal loswerden.

Dann erzählte er mir seine Geschichte. Er sei ein Arbeiterkind. Seine Eltern hätten in der Kleinen Freiheit gelebt, waren arme Leute und haben ihm grade noch 'ne Kochlehre ermöglichen können. Irgendwann war wohl aufgefallen, daß Harry großes Talent zum Singen hatte. Da war noch seine Großmutter, die hatte was angespart und war so verliebt in Harrys Sangeskün-

Nichtschwimmer dürfen nur vom Strande aus und nicht
tiefer als bis zur Brusthöhe ins Wasser gehen.

ste, daß sie ihn auf eine der besten Gesangschulen Hamburgs geschickt hat. Harry muß wohl wirklich 'n sehr talentierter Schüler gewesen sein, denn er machte gute Fortschritte und hatte allerbeste Zeugnisse. Wurde als Tenor ausgebildet. Ich hab Zeugnisse von ihm gesehn, die überschlugen sich fast.
Er hat also die erste Abschlußprüfung bestanden, und da war Omas Geld alle, und Harry mußte sehn, wie er sich das restliche Geld für seine Ausbildung verdiente, weil sich keiner fand, der ihn förderte. Da ist er dann zur See gefahren. Hat sich gedacht: Da verdient man viel und gibt wenig aus, fahr ich erstmal 'n Jahr und mach dann den Rest meiner Ausbildung. Es handelte sich nur noch um ein oder zwei Jahre. Harry ist also los, und da ist er wohl psychisch in Bedrängnis geraten. Na ja, Seefahrt und Gesangsausbildung ist schon ein ziemlicher Wechsel. Auch wenn er aus dem Hafenmilieu stammte. Vielleicht war's auch nur Enttäuschung, weiß ich nicht, jedenfalls fing er an zu saufen und soff und soff und soff. Und da war die angesparte Heuer rasch durch den Schlund auf und davon. Mußte er halt noch länger fahren, noch länger saufen. Anfang Dreißig war dann die Leber zersoffen. Und da mußte er wieder an Land und konnte gar nichts mehr machen, auch nicht mehr richtig arbeiten. Und ist zusehends verfallen.
Als ich ihn kennenlernte, war er nur noch ein kleines, dürres, gelbliches Männchen. Er hat mir mal Fotos von sich gezeigt, da war der 'n richtiger Schuppen, 'n kräftiger Kerl. Das war alles weg. Nach den Fotos glaubte man ihm den Tenor. 'ne Zeitlang war er auch noch voller Hoffnung, daß er wieder gesund werden würde. Die Ärzte machten ihm sehr viel Mut. Er nahm wieder 'n bißchen zu, versuchte wieder zu arbeiten. Vom Arbeitsamt wiesen sie ihm die unmöglichsten Arbeiten zu, beispielsweise als Hilfsarbeiterschreibstift im Lager. Und das hat ihn natürlich irgendwie

bedrückt. Da hat er davon geträumt, daß er sich mal wieder 'n Klavier anschaffen könnte. ›Aber man kann ja nicht mal 'n Klavier die steilen Treppen hier im Haus hinauftransportieren bis in meine Wohnung.‹ Ich hab ihm angeboten, er könne das Klavier bei mir ins Atelier stellen zum Üben. Darüber war er überglücklich, war richtig dabei zu planen. Ich hab mich auch schon umgehört nach'm alten Klavier und er sich auch. Hat mir seine restlichen Noten gezeigt, die er noch hatte. Er war voller Hoffnung. Gesang hatte er abgeschrieben. Seine Stimme war nämlich weg, die war vollkommen in Piepsen erstarrt. Die Stimmbänder waren von seiner Krankheit so angegriffen, daß da nichts mehr über war, und vor allem das Volumen war nicht mehr da. Aber Klavierspielen hat er sich noch zugetraut, vielleicht noch ein paar St.-Pauli-Couplets dazu, irgendwie als Unterhalter, das hätte ihm Spaß gemacht. Davon träumte er. Aber es ist nicht mehr dazu gekommen. Irgendwann mußte er wieder ins Krankenhaus. Und als er wiederkam, war bei ihm die Luft raus. Er wirkte wie abgeknickt. War noch gelber, noch mickriger geworden. Seine Plünnen schlurften ihn spazieren. Kaum, daß er noch grüßte. Während eines erneuten Krankenhausaufenthalts starb er dann. Gar nicht mal an einer konkreten Krankheit, sondern wohl mehr an Mutlosigkeit, da war einfach nichts mehr da.«

vogel aus pergament, blau geädert, eine hand;
ein wachsgelbes flackern auf tuch.
alter schweiß auf ungeblümtem flanell. ausgekühlt
bis hinauf zu den keuchenden rippen,
ein sauergeruch. geschöpf.
fünf finger über das bettuch, ein häufchen hand.
blaugeäderter nachtvogel, pergamentschwinge, hin und her
über furchen aus stoff, höhe und niederung

tastend, suchend, ohne bestimmung
du. ein kraftloses zucken,
die hand eines du über zitterndem weiß,
tuchfalten mit einer spur, zur bräune verkrustet,
blut. unruhiger adervogel.
durch geschlossene fenster, wind,
nirgendwoher
leise, wie eine blume zerfällt
über schneekühlem tuch
pergament, die hand eines du.
kleiner vogel, schwinge aus haut
schon über die schwelle.
es.

Türken raus?

Gegen 22 Uhr in der S-Bahn-Station Reeperbahn. Irgendwie habe ich ein ungutes Gefühl, nichts Reales, nur eine Ahnung, die Witterung von Gefahr, ohne sagen zu können, aus welcher Richtung sie droht. Filzschreiberparolen »Ausländer raus«. Abgeschnittene Telefonhörer liegen auf den Gabeln in den Zellen. Das Angebot der Bundespost von hundert Mark Belohnung für die Täterermittlung scheint nicht zu fruchten. Gegen die vielen Tricks, die Apparate lahmzulegen und rechtswidrig auszubeuten, ist nichts auszurichten. Die Beutebereiche sind bereits aufgeteilt. Für manchen Penner eine zusätzliche Erwerbsquelle, bei ein bißchen Erpressung: »Ich stehe Wache für dich, und du gibst mir 'n Bier aus und 'n Heiermann obenauf. Wenn nicht, laß ich dich hoppnehmen.« Bei den Deutschen klappt's immer, erzählte mir einer, nur bei den Ausländercliquen gibt's was aufs Hirn oder ein Klappmesser zwischen die Rippen, »die geben nichts ab, treten meist in Rudeln auf, wickeln dir ein Bein um deins und reißen dich so von den Füßen. Sind unheimlich tückisch, am liebsten kommen sie von hinten. Neuerdings sind sie mit Handbohrern in den Spielhallen zugange, brechen die Automaten auf und so ...«

Ich wollte es zuerst nicht wahrhaben, habe es mit einer Handbewegung weggewischt, obwohl sie mir die frischen Bohrlöcher gezeigt haben. Oder der Trick mit den Schließfächern in der Bahnhofshalle. Ein rascher Schlag mit der Handkante an der richtigen Stelle auf den Schlüsselkopf mit der Nummer, und du hast dein Schließfach umsonst. Ich hörte auch von gut hundert nachgemachten Schließfachschlüsseln, numeriert und einsatzbereit, um an wertvolle Reisegepäckstücke grade angekommener Geschäftsleute zu gelangen. Fingerfertig ausgeplündert und die leichte Beute umgelagert in billige Kunstfasertaschen, das Fach in Sekundenschnelle wieder verriegelt. Oder der freundlich umarmte angetrunkene Gast, ahnungsloses Opfer: »Arkadasch, du gutes Freund«, und blitzschnell wird dessen Brieftasche gezogen, die dann hinter seinem Rücken in einem fremden Hosenbund verschwindet. Später wird er, verwirrt und mit schlechtem Gewissen, glauben, er habe sie verloren. Oder das blutige Messer, eben einem Ghanesen von einem Landsmann in den Bauch gerammt, das durch mehrere Hände nach hinten verschwindet, bis es im Herrenklo eines Imbisses auf dem Mittelstreifen der Reeperbahn landet. Dort wird es routiniert von einem Mädchen aus der Gefahrenzone gebracht.

Ein anderer Zusammenhalt, ein fremder Grad der Bedrohung, Einstiegsdrogen, freizügig verteilt, zum Antesten die kleinen Muntermacher aus der Socke, aus dem drehbaren Absatz oder die feineren Sachen aus dem Jockstrap. »Da faßt dir kein Bulle zwischen die Eier, und wenn er's dann darf, ist es eh zu spät.« Verächtlichkeit im Ton, die manikürte dunkelhäutige Hand um das Glas mit dem Longdrink. »Razzien werden vorher angesagt, Boy.« Sollte es stimmen, was mir ein befreundeter Taxifahrer am Halteposten Reeperbahn-Stein anvertraute? »Fahr ich den eines Nachts nach Hause, war ziemlich angesoffen. Und dann erzählt der so. Sei der Neffe eines hohen Polizeibeamten, nannte mir sogar seinen Namen. Wenn mich mal die Bullen schnappen, brauch ich nicht untertauchen, ich brauch nur 'n tauchlichen Namen.« Der Taxifahrer ist eigentlich ein ganz biederer Mann, verheiratet, Kinder, über zehn Jahre schon im Gewerbe, sparsam, solide. Ich kann mir keinen Vers darauf machen.

»Look over there.« Uns gegenüber sitzt ein Gast über seinem Glas, leicht angetrunken, Cola-Bacardi, doppelt. Zahlt jeden Drink sofort mit einem größeren Schein. Steckt das Wechselgeld wieder ein und läßt nur die Münzen als Tip auf dem Tresen. Drei Farbige nähern sich ihm wie zufällig, von zwei Seiten, läuft über Augenkontakt. Kurz vorher standen sie noch zusammen im Halbdunkel neben der Toilette, von da hat man die Tür gut im Auge. Nach ungefähr einer Minute bricht aus unerfindlichem Grund ein Streit zwischen ihnen aus, laut, aggressiv, Handgreiflichkeiten beginnen, und plötzlich fällt der unbeteiligte Gast mit seinem Barhocker um. Sofort helfen ihm die drei wieder auf die Beine. Ihr Streit ist wie kalt abgeduscht, die Hitze aus dem Beutel. Das Angebot des erleichterten Gastes zu einem Drink wird abgelehnt. Rasch löst sich die Dreiergruppe auf und verschwindet in Richtung Tür. Als der Gast einen neuen Drink bezahlen will, stellt er fest, daß seine Brieftasche fehlt. »Eines der Gesellschaftsspiele im ›Äquator‹.«

Ich muß an dieses Erlebnis denken, als ich mit meiner Fahrkarte den Bahnsteig betrete. Anzeige nach Altona und weiter nach Blankenese. Auf der Gegenseite ist der Zug nach Poppenbüttel grade aus der Halle. Ein Pulk aus gut einem Dutzend junger Türken steht herum. Ihr Alter liegt, schätze ich, zwischen sechzehn und achtzehn. Mit Filzschreibern verewigen sich zwei auf der Plastikbank, ich kann nicht erkennen, was sie schreiben. Wärend ein dritter unter dem johlenden Beifall der anderen einen Papierkorb anzündet. Die anerkennungsheischende Karatedemonstration untereinander wird von einem spontanen Weitspucken unterbrochen. Als meine Bahn kommt, gehe ich ihr entgegen. Blitzschnell formiert sich aus dem lockeren Pulk eine Sperre, die mich am Betreten des Wagens hindern soll. Unwirsch remple ich mir den Weg frei. Gehe in mein Abteil und will hinter mir die Tür zuziehen, als mir einer der Jungs mit dem Fuß ins Gesicht tritt. In meiner ersten Verblüffung reagiere ich nicht schnell genug und verliere den Halt, rapple mich aber sofort wieder hoch, bin wütend, fühle Blut und ein Brennen im Gesicht. Die Türken versuchen ins Abteil zu drängen, spuckend und tretend. Aber da bin ich schon wieder auf den Beinen und dresche mit meinem Regenschirm dazwischen, den ich immer noch in der Hand halte. Keile die Angreifer zurück, fühle meine Angst, als ich in einer der Fäuste ein Messer entdecke. Ich reagiere intuitiv, nur mein Instinkt ist es, der sich gegen diese Übermacht wehrt. »Wenn sie es schaffen, über dich zu kommen, bist du erledigt.« Da schließen sich endlich die automatischen Türen, der Zug ruckt an und fährt. Meine Angreifer bleiben mit erhobenen Fäusten auf dem Bahnsteig zurück.

Im Abteil ist außer mir nur noch ein älterer Herr, weiß im Gesicht und zitternd vor Erregung. Als der Angriff losbrach, war er aufgesprungen und hatte immer nur geschrien: »Ihr Schweine, ihr verdammten Schweine, schämt ihr euch denn gar nicht!« Jetzt steht er vor mir und bietet mir sein Taschentuch für mein Gesicht an. »Es wird immer schlimmer mit diesen Strolchen, und die Polizei, haben Sie irgendwo Polizei gesehen? Oder jemand vom Aufsichtspersonal?« Vor Aufregung verhaspelt er sich mit seinen Worten, mir dröhnt der Kopf. »Unser Ausländerproblem entwickelt sich immer mehr zu einem reinen Türkenproblem. Neulich liefen sie sogar mit Transparenten durch die Stadt zum Besenbinderhof: ›Strauß oder Schmidt gleich Pest oder Cholera‹, es ist eine Frechheit. Haben Sie Schmerzen?« Ich schüttle den Kopf, will meine Ruhe haben. Neben mir auf dem Sitz liegt mein Schirm, völlig verbogen, der Griff hoffnungslos zersplittert. Schon wieder sechzig Mark im Eimer. Langsam löst sich der innere Druck in mir; die Sitzpolster empfinde ich als angenehmer als sonst, weicher. Der Mann redet immer noch auf mich ein. »Haun Sie doch endlich ab. Bitte!« aber ich bringe es nicht über die Lippen.

Mein nächtlicher Spaziergang mit Gebhard fällt mir ein, dieses bewußtlose halbnackte Mädchen, an Händen und Füßen von mindestens fünf Türken durch die schlafende Bleicherstraße geschleppt. Als endlich ein Peterwagen vorbeikam, waren sie wie vom Erdboden verschluckt.

Der Mann redet immer noch. Über die neue Bakschischmentalität, die inzwischen in unseren Behörden eingerissen ist, über Namen in der Ausländerbehörde, im Bieberhaus, die schon kursieren und unter der Hand als Anlaufstellen gehandelt werden, Frauen wie Männer. »Alle reden davon, daß wir die Ausländer integrieren müssen«, er redet und redet, ich bin außerstande, ihm zuzuhören, schnappe nur Brocken auf. »Aber keiner fragt, ob die überhaupt wollen. Außerdem sind die Ausländer in den Betten der deutschen Frauen schon längst integriert. Aber wir tun so, als sehen wir nichts. Sogar Kinderpuffs machen die Türken inzwischen schon mit unsern Mädchen auf, Heimausreißern zumeist. Solln sie doch ihre eigenen Kinder nehmen. Und unsere Polizei sieht zu, weil sie vor den Kanaken Angst hat.« Mit seinen dünnen Ärmchen fuchtelt er in der Luft herum, die Stimme zu einem Keifen erhoben. Mir reicht's jetzt endgültig. Der Kerl ist einfach nicht abzuschütteln. An der nächsten Haltestelle steige ich grußlos aus und fahre zurück. Über seinem Gesabbel habe ich vergessen, ihm sein Taschentuch zurückzugeben.

Irgend etwas treibt mich zurück, es ist nicht meine Wut, meine Angst auch nicht. Ich will einfach nochmal ihre Gesichter sehn. Als der Zug in die S-Bahn-Station Reeperbahn einläuft, sitze ich in meiner Ecke und sehe durch die Scheibe. Sie sind noch da, aufgebläht und laut. Einer trägt ein helles Stirnband. Sie sehen nicht zu mir rüber. Es drängt mich, sie nach dem Grund ihres Verhaltens zu fragen. Aber ich bleibe sitzen. »Es sind doch fast noch Kinder«, denke ich, als der Zug aus der Halle fährt. Mir gegenüber, breit übers Polster geschmiert, lese ich: »Türken raus.«

Der Weihnachtsbaum

Sie lebt von ihrer kleinen Rente, 523 Mark, in einem verwohnten Hinterhaus, erste Etage. Der klotzige Kohleofen heizt nur ein Zimmer, »um zu sparen«. Das Herz macht immer häufiger Schwierigkeiten, Wasser ist dazugekommen, »aber meine Ärztin bringt das schon wieder hin. Dreimal am Tag hat sie mir was verschrieben, auch Tropfen, irgendwas mit Maiglöckchen. Die hat gut zu tun, ihr Sprechzimmer ist immer voll.« Lotte ist 72. Immer häufiger verliert sie den Faden, erzählt zusammenhanglos ihre Geschichten aus der Kastanienallee, wirft ostpreußische Brocken dazwischen, verhaspelt sich, beginnt wieder neu. Ihre Strumpfhose wirft Falten um die ausgemergelten Waden. Immer wieder streichen ihre welken Finger die gemusterte, viel zu weite Kittelschürze glatt. Zittrig brüht sie Kaffee für mich, den ich nicht abzulehnen wage, um sie nicht zu verletzen; gießt über das Kaffeepulver heißes Wasser, das ohne Papiertüte durch den Filter rinnt. Ein paarmal habe ich sie und ihren Sohn schon besucht. Sie versteht nicht, daß die meisten Schriftsteller und Journalisten keine Häuser haben, keine Eigentumswohnungen. Glaubt, daß ihnen zum Schreiben Alkohol ebenso wichtig sie wie Papier und Tinte. Über Weihnachten wird sie bei ihren anderen Söhnen sein, abwechselnd für ein paar Stunden.

Ich möchte ihr eine Freude machen: einen kleinen Tannenbaum mit Wurzel, den sie sich aufs Radio stellen kann. Finde keinen, sehe in dieser Größe überall nur windschiefe, rachitische Bäume bei den Händlern rund um die Sternschanze bis hinunter zum Pferdemarkt. Es soll auch keine richtige Blautanne sein, die piekt nämlich, sondern was richtig Schnuckliges. Fehlanzeige, einen Tag vor Weihnachten. Die Händler haben ihr Geschäft bereits gemacht.

Ich will schon aufgeben, da sehe ich genau meinen Baum, und zwar in einem Schaufenster mit Trikotagen und Kurzwaren, Blusen, Strümpfen und Damenwäsche. Da steht er, eingetopft, handlich und bis auf die Kerzen fertig geschmückt: mit bunten Kugeln, Strohsternen und vergoldeten Walnüssen. Ich in den Laden. Eine Türglocke schrillt etwas zu heftig. Um mich herum ein paar ältere Damen im Klönschnack mit der Verkäuferin, Korsettagen und Leibwäsche in der Hand. Um mich verstummt das Gespräch. »Entschuldigung, ich habe nur eine Frage.« Die reiferen Damen halten

ihre Wäschestücke, als glaubten sie, ich wollte sie ihnen entreißen. »Worum geht es denn?« Diesen Ton kenne ich noch aus meiner Konfirmandenzeit. Die resolute Verkäuferin hat sich vor mir aufgebaut wie ein japanischer Sumo, bereit, ihre Kundschaft zu verteidigen. Totale Mißbilligung um die Nase. So was rieche ich auf zehn Meter. Ich versuche zu lächeln, aber wenn ich nervös bin, fange ich immer an zu schielen. »Ich möchte nur fragen, ob sie mir Ihren Weihnachtsbaum aus dem Fenster verkaufen würden?« Es ist heraus, ich bin sichtlich erleichtert. Die gute Erziehung der Damenriege oder ihre Scheu vor mir hindert sie daran, laut loszuschnattern: »Der ist wohl meschugge, der hat nicht alle Tassen im Schrank.« Jedenfalls muß ich etwas von meiner Bedrohlichkeit eingebüßt haben. Ob ich mich nicht einen Augenblick setzen wolle, man müsse erst den Chef fragen, könne das nicht allein entscheiden. Da ich nicht sitzen will, bleibe ich demonstrativ stehen.
Nach gut fünf Minuten kommt der Chef. Die graumelierten Haare glatt gescheitelt, Hornbrille, ein gedeckter Anzug mit gepunkteter Fliege, mit Sicherheit nicht aus seinem Laden. »Sie sind der Herr mit dem Baum?« Er spricht zu mir auf gleicher Kopfhöhe, leicht gepreßt, vielleicht ist er verärgert, vielleicht hat er nur Polypen. Ich finde, daß er gut zu seinen Regalen paßt. »Ja«, höre ich mich deutlich sagen. »Ja. Ich möchte Sie fragen, ob Sie mir diesen Baum dort verkaufen?« «Aber das ist unsere Weihnachtsdekoration, die soll bis zum vierten Januar stehenbleiben, sonst ist da ein Loch!« Mein Wunsch irritiert ihn offensichtlich. Zögernd kommt seine Frage: »Was wollen Sie denn überhaupt mit unserm Baum?« Leichte Röte steigt ihm in die Stirn, mit einem kurzen Blick hat er sich bei den Damen rückversichert. Also erzähle ich Lottes Geschichte. Von ihrer kärglichen Rente, ihrer tristen Wohnung, ihrer Krank-

heit. Und meinen Versuchen, in dieser Gegend einen geeigneten Baum zu finden, meiner Absicht, ihr eine Freude machen zu wollen.

In ihren Gesichtern arbeitet es. Ich rede mich in Rage, sage, daß ich den Baum kaufen möchte und bereit sei, dreißig Mark zu bezahlen. Daß ich ihn so nehmen würde, wie er ist. »Sie brauchen ihn noch nicht einmal einzupacken!« Kerzenhalter und Kerzen würde ich in der Drogerie kaufen, nebenan. Bienenwachskerzen, weil die so schön duften...

Der Chef räuspert sich zuerst, wird nahezu wohlwollend. Ich kann Pluspunkte verbuchen. »Ich denke, wir können in diesem Fall einmal eine Ausnahme machen. Wie denken Sie darüber, meine Damen?« Der Baum wird bestimmt schon nadeln bei der Luft hier, fährt es mir durch den Kopf. Dreißig Mark ist für so ein kleines Ding schließlich auch kein Schmutz. Ob ich den Preis auf 25 Mark drücken soll, wo die alle vorhin so biestig waren? Aber ich lasse es, als mir alle so vertraulich zunicken, der Chef sich sorgfältig die Schuhe auszieht und umständlich über eine Leiter ins Fenster steigt. Dann ist alles ganz einfach: er mein Geld und ich seinen Baum, wie eine Kriegsbeute und dann mit einem »Danke vielmals« durch die Tür. Frische Luft. Die Nadeln pieken mich in die Wange, als ich die Drogerie betrete. Die Leute tuscheln. Bienenwachskerzen gibt's im Sonderangebot. Unterwegs nehme ich noch eine große blaue Weintraube mit. Im Treppenhaus montiere ich die Kerzenhalter. Dann klingle ich bei Lotte. »Soll der für mich sein?!« Ungläubigkeit in der Stimme. »Ich habe noch nie einen Tannenbaum gehabt. Aus Platzmangel«, versucht sie sich rasch zu entschuldigen. Am nächsten Tag finde ich eine Weihnachtskarte von ihr in der Post, eng beschrieben, in alter Sütterlinschrift und etwas krakelig:

»Mein lieber Herr Eppendorfer,
für Ihre Überraschung, die Sie mir gestern brachten, danke ich Ihnen auf diesem Wege herzlich. Ich habe mich gefreut, konnte es aber nicht zum Ausdruck bringen. Ihnen recht frohe gesunde Feiertage und ein frohes gesundes Neues Jahr
wünscht Lotte ...«

Heiligabend

»Piccadilly Club«: wie in einer festlich dekorierten guten Stube, überall auf Borden unter der Decke die legendäre Kaffeekannensammlung. Es müssen Hunderte sein, sie werden schon lange nicht mehr gezählt. »Die älteste ist aus dem 18. Jahrhundert, aus Meißen, das Geschenk eines über achtzigjährigen Gastes, der in einem Heim lebt.« Auf Tresen und Tischen brennende Kerzen, Tannenzweige und bunte Teller mit Pralinen, Schokolade, Keksen und Obst, jeder darf zugreifen. Und überall frische Blumen, wie ein Markenzeichen. Für jeden Gast gibt es warmen Prager Schinken mit selbstgemachtem Kartoffelsalat. Das dicke Gästebuch spricht für sich, alle haben sich eingetragen, von Gustaf Gründgens bis zur Flickenschildt, von O. E. Hasse bis zu Hubert von Meyerinck und Grete Weiser. Wenn man draußen klingelt, dreht sich die geschnitzte Brokkenhexe unter der Decke mit den glimmenden Augen, neugierig und ohne Abwehr.
Bei meinen nächtlichen Streifzügen gehe ich dort regelmäßig auf einen starken Kaffee vorbei, Silbersackstraße hoch und rechts in die Friedrichstraße. Draußen hat's zu schneien begonnen, der Hans-Albers-Platz ist spiegelglatt, ich rutsche ein wenig mit meinen Turnschuhen

auf dem unebenen Kopfsteinpflaster, wäre einmal fast gestürzt. In der dämmrig erleuchteten Herbertstraße sind fast alle Rolläden runtergelassen, nur wenige Frauen bei der Arbeit. Nur im Haus Nummer vierzehn brennt noch Licht. Dunkel ist auch die Große Freiheit. Die großen Häuser entlang der Reeperbahn haben geschlossen: »Bayrisch Zell«, »Zillertal«, »Café Keese«, das »St. Pauli Theater«. Im Sexkino in der Talstraße, gegenüber dem »Domino« und der »Schlacherei Melchert«, drückt mir Eric eine bunte Tüte in die Hand, wie jedem Gast. Obst, Konfekt, Schokolade und eine kleine Flasche Schnaps: »Ist 'ne Tradition bei uns, hat Manfred noch eingeführt.« Manfred, der ehemalige Chef, den sie vor ein paar Monaten tot in seiner Wohnung im Niebuhr-Hochhaus, gegenüber der Großen Freiheit, gefunden haben, 35 Jahre alt. Er sei erstickt, hieß es, aber das dürfte nur ein Stück von der Wahrheit sein. »Goldfinger» ist in seine Fußstapfen getreten, hat ihn auch damals gefunden.

In allen Zimmern der Davidswache brennt Licht, auch dort wird gefeiert. Einige Mädchen hängen noch rum, kein gutes Geschäft am Heiligen Abend, »die machen alle auf Familie«. Gina nascht aus einer Tüte mit süßem Christbaumschmuck und hält mir die Tüte hin: »Da, bedien dich, sind alles Kalorienbomben.«

Oben im Fenster des ersten Stocks der Polizeiwache taucht für einen Moment das Gesicht von »Tarzan« auf, von dem es heißt, »er habe alle Zuhälterärsche fest in der Hand«. Im Puff steigt in überheizten Räumen ein Grünkohlessen, alles läuft in Unterwäsche rum. Ein Plastikbaum blinkt mit elektrischen Kerzen »wegen dem Dreck und wegen der Brandgefahr« auf der Musicbox. Nana Mouscouri besingt den deutschen Tannenbaum, die Rothenberger auch, und der Tölzer Kinderchor findet »süßer die Glocken nie klingen«. Die frischfrisierten Pudel kläffen dazwischen mit ihren Straßhalsbändern. Der rüde Umgangston ist heute nahe am Wasser gebaut.

Die Messe in der St.-Josephs-Kirche – du kommst direkt darauf zu, wenn du die Schmuckstraße in Richtung Große Freiheit nach oben gehst – ist überfüllt, gedrängt stehen die Menschen bis zur Tür, alles Anwohner, kaum ein Auswärtiger. Langsam weht die schöne klare Barockfassade zu, der Flockenfall wird immer dichter. Das Türmchen vom »Salambo« ist vom Schnee wie mit einer Decke überzogen. Grünkohlessen auch im neuen «Laubfrosch«, die Kastanienallee ein Stück weiter unten, gegenüber der Kellerbühne von Mutter Courage und dem alten Stummfilmkino mit den Putten und Rosengirlanden an den Wänden, heute nur noch ein Lagerraum. Handgezupft, mit Kassler und Kochwurst und die Teller so voll, daß es einem in den Ärmel läuft. Mit Gänseschmalz angesetzt, auf mittlerer Flamme köchelnd über Stunden, glasierte Kartoffeln dazu, in der Größe von Rosenkohl, Volker, Erwin und Carlo. Bunte Teller auch in der »Goldenen 13«, »bleib doch wenigstens auf'n Appelkorn«, bei Helmut und Grille und zur Feier des Tages ein sauberes Hemd mit offenem Kragen. Bei »Man Wah« in der Taubenstraße, Ecke Spielbudenplatz, reiche ich ein Marzipanpräsent rein, schüttle dem hageren, hochgeschossenen Chef im dunklen Anzug und der rundlichen Kellnerin aus Hong kong die Hände und muß bleiben, »wenigstens auf einen Becher Lycheewein« im Stehen. Mich drängt

es weiter. Vermummte Gestalten mit weißgewehten Brauen kommen mir entgegen, fragen mich nach einem offenen Imbiß. Es ist lange nach Mitternacht.
In der Simon-von-Utrecht-Straße laufen mir zwei Chinesenkinder über den Weg, nur in Ringelpullis, Wollhosen und Gummistiefeln. Beide mit Rotznasen. Hand in Hand, vier oder fünf Jahre alt, bestenfalls, nicht größer als einen Meter dreißig, eine aufgerissene Tüte mit Weichtoffees in der frostroten Hand des einen. Talstraße hoch, wieder zurück, in die Schmuckstraße rein, wieder zurück Hein-Hoyer-Straße, Seilerstraße, ohne Orientierung. Das geht so gut eine halbe Stunde, ständig ein leises Schniefen und lautloses Heulen auf der Unterlippe. Ich bleibe ihnen auf der Spur, vor keinem der Hauseingänge bleiben sie stehen. Sie gehen wie in einem Kreis, schon leicht unterkühlt und mit einer Atemwolke vor den kleinen Gesichtern. Es schneit nicht mehr, dafür wird es kälter, die wenigen Taxen, die noch vorbeikommen, fahren im Schritt. »Habt ihr euch verlaufen?« Keine Antwort, nur daß ihre kleinen Füße das Tempo beschleunigen. »Wo wollt ihr denn hin?« Ich stelle mich ihnen in den Weg. Zwei kleine Rotznasen heben sich mir ängstlich entgegen. Wieder keine Antwort. Es ist gegen vier Uhr früh. Wir stehen voreinander und sehen uns an. »Dann kommt mal mit!« Zögernd legen sich zwei verfrorene Hände in die meinen, links und rechts, winzige Füße in blauen Gummistiefeln trippeln neben mir her. Mit meinem letzten Papiertaschentuch putze ich ihnen etwas linkisch die Nase. Um schneller gehen zu können, klemme ich mir die beiden links und rechts unter den Arm. Sie fauchen wie kleine Raubkatzen, ohne zu kratzen, wahrscheinlich nur aus Angst. Über die Reeperbahn bei Rot und die Tür zur Davidswache mit dem Fuß aufgestoßen. »Ich habe hier zwei Christkinder gefunden. Würden sie mal bitte versuchen, die Eltern zu ermitteln!« Das

letzte, was ich noch mitkriege, ist der kleine Raum mit Bett und Decke und die kleinen Chinesenjungs, die sofort, eng aneinandergekuschelt, darauf einschlafen.

I can't remember that

Sie waren in einem Reisebus nach Hamburg gekommen für drei Tage, zum HSV-Spiel gegen die Bayern im Volksparkstadion. Dreißig Mann hoch. Und ausgeschwärmt, gleich nach dem Eintreffen, auf der Bierfährte mit viel Optimismus und reichlichen Devisen aus der Wechselstube an der Reeperbahn, doch ohne Orientierung. Schweden aus Malmö. Zwei davon traf ich, acht Stunden später, mit Gummifüßen auf St. Pauli.
»We missed our hotel«, es müsse ganz in der Nähe sein. »Hier auf St. Pauli?« – »Hier auf St. Pauli!« – »Can you help us?« und damit lehnt sich der eine erleichtert gegen meine Schulter, knickt mit den Knien ein und beginnt zu rutschen. Björn und Kjell, wie ich herausfinde. Björn ist die blondgelockte Bier-und-Korn-Leiche an meiner Schulter mit einem seligen Strahlemannlächeln auf den Lippen. Kjell kann noch halbwegs stehen, auch sein Schulenglisch funktioniert noch. Holprig kommen wir uns sprachlich näher. Ein Portal mit Treppen. Mehr ist nicht drin: »I can't remember that.« Na, macht nichts, das kriegen wir schon wieder hin. Björn hängt teilnahmslos in meinem Arm. Ab und zu lächelt er mich freundlich an. Beim Gehen muß ich darauf achten, daß ich nicht über seine Füße stolpere. Sein rechter Arm hängt bleischwer um meinen Hals, daran hängt hochgewuchtet der torkelnde Rest. Mein Arm hält ihn sichernd um die Hüfte und schläft von Zeit zu Zeit ein.
Nach den ersten fünf Hotels und Pensionen legen wir

eine Verschnaufpause ein. Wie ein Telefonbeantworter antwortet er auf meine Frage, ob er sich nicht doch an irgend etwas erinnert: »I can't remember that.« Es ist zum Auswachsen. Jedes Nachbohren stößt in Leere. Auch mein Versuch auf der Davidswache bleibt ohne Erfolg. Zwei Hotels für Gruppenreisen werden mir genannt und der Vorschlag, die beiden bis zur Ausnüchterung auf einer Parkbank zu vergessen. Zum Ausplündern freigegeben? Leicht säuerlich ziehe ich wieder ab. Die beiden haben kein Wort verstanden, ihr freundliches Nicken zu den Beamten wird nicht erwidert. Habe heute die falsche Schicht erwischt. Mein Ehrgeiz überlebt acht weitere Hotels bis übers Nobistor hinaus, »Hotel Stadt Altona«. Das macht achtmal die Länge der Reeperbahn. Inzwischen geht es auf drei zu, leichter Nieselregen hat eingesetzt. »I can't remember that«, in jeder weiteren Hotelhalle bin ich Kjells Playback, ohne Übung mit ihm lippensynchron. Auf die Idee, eine Hotelkarte einzustecken, kam er nicht. Große Hotels, kleine Hotels, wieviel Stockwerke, Zimmernummer, vielleicht ein größeres Gebäude in der Nähe, wenigstens ein kleiner Anhaltspunkt, eine Leuchtreklame? »I can't remember that.«
Meinen Arm spüre ich kaum noch. Björn sabbert feucht an meiner Schulter, und Bierschwaden wehn mich an. Hotel um Hotel, systematisch hake ich sie ab auf meinem inneren Stadtplan, Rezeption nach Rezeption. An manchen Türen muß ich den Portier erst rausklingeln. Nach zwei weiteren Stunden sind nur noch zwei Hotels übrig, das »Pacific« und das »Hafen-Hotel«, aber meine Füße streiken, die Schulter ist steif, und in meinem Arm krabbelt es. Björn ist total hinüber und schläft, Kjell hat heftigen Schluckauf, ist leicht grün im Gesicht, durchgefroren sind wir alle. Mein Vorschlag, in meiner Wohnung ein paar Stunden zu schlafen und dann gegen Morgen ausgeruht nach einer Tasse Kaffee

den Rest zu versuchen, wird erleichtert angenommen. Und wenn alle Stricke reißen, bringe ich euch am Nachmittag ins Volksparkstadion. Achtundzwanzig brüllende und fußballbegeisterte Schweden werden ja wohl nicht zu übersehen sein, denke ich in meiner Naivität. Um die Haustür aufzuschließen, lehne ich Björn gegen die Hauswand, während Kjell zwischen den Mülltonnen hängt und pißt. Im Nebenzimmer liegt eine große Matratze mit mehreren Decken, Björns und Kjells Nachtlager. Schon nach wenigen Minuten setzt ein fürchterliches Sägeduo ein, hin und wieder hustet ein Elch. Ich lasse zur Sicherheit im Flur das Licht brennen, damit sie die Toilette finden, und hau mich in die Falle, nachdem ich den Wecker auf halb zehn gestellt habe. Gegen acht schrecke ich auf, weil Björn über der Kloschüssel hängt und kotzt.
Später wird mein Kaffeevorschlag zugunsten von Alka Selzer gegen Schluckauf und Sodbrennen abgelehnt. Björn, trotz Fadenriß endlich wieder auf eigenen Füßen. Kjell dagegen elend und wortkarg. Fehlanzeige auch bei den letzten Hotels. Abartig knallt uns die Morgensonne in unsere übermüdeten Gesichter, grünstichig bei den beiden. Kjells Schluckauf hat aufgehört. Was machen wir nun? Ich sehe mich schon am Nachmittag, entnervt durch die Ränge irren, mich suchend durch Tausende von Menschen drängen, wie eine Hundemutter, der man fremde Junge untergeschoben hat. Ihre Pässe in ihrem Hotel, das wir nicht finden, ihr Geld, ihre Sachen, wenn der Bus jetzt ohne sie abfährt. Ich sehe einen Wust von Komplikationen auf uns zukommen. Da schreckt mich ein vielstimmiges Gejohle mit schwedischem Akzent aus meinen Gedanken auf. Im Nu sind wir umringt von einer Gruppe lachender Männer, Sechserpacks mit Dosenbier geschultert. Bei mir plumpst ein Felsbrocken in die Schären. »Wie heißt euer Hotel?« frage ich auf deutsch, wiederhole es

englisch. Auf schwedisch prasselt es auf mich nieder mit Lachen und Schulterklopfen. Ich versteh kein Wort. Einer gibt mir die Hotelkarte: »Hotel Graf Moltke«, hinter dem Hauptbahnhof, am anderen Ende der Stadt.

Hier habe ich immer noch eine Chance zu überleben

St. Pauli jagt viel härter seinen Träumen nach, als es anderswo geschieht: auf engerem Raum, gegen stärkere Konkurrenz, mit größerer Verbitterung. Die großen Lamborghini-Träume oder die mageren Schrebergarten-Hoffnungen, die Träume vom endlosen Brausebrand und die von der Füße-hoch-Romantik ohne Hornhaut an der parfümierten Ferse. Die Jacketkronenträume mit dem Chicago-Syndrom, mit der Bodygard und einer Chivas-süchtigen Huldigungsclaque mit farblos gelackten Fingernägeln und aufgeföntem Haar, Kurzzeitabstecher an die Rolex-Beach auf Ibiza.
Werner traf ich immer nur im Karree zwischen der Davidswache und der Taubenstraße, manchmal tauchte er weg für Tage, und ebenso plötzlich war er wieder da. Vor den endlosen Bartresen zwischen Weinbrand-Größen wie Gnabbelohr oder Martha-Asbach, stundenlang lippensynchron mit den gängigen Tagesschlagern aus der Musicbox. Immer wieder, wie ein Taubstummer, wie ein dressierter Affe, die ewige Zigarette bis zum Filter runtergebrannt, zwischen Daumen und Zeigefinger. Regungslos in sich hineinbrütend, vor sich eine Batterie überschwappender Appelkorn-Gläser mit klebrigen Rändern, im Alkohol langsam untertauchend. Stunden später sabbernd und lallend in irgendei-

ner Hauseinfahrt zusammengesunken, feucht geworden im Schritt, oder an Häuserfronten entlangtorkelnd, schnaubend vor Aggression und aschgraugesichtiger, miefender Zerstörungswut. Die Wiederholung über Monate, sentimental, wehleidig, wortkarg, geschwätzig, im fliegenden Wechsel. Einen hitzigen Streit vom Zaune brechend oder vollgepengt und unansprechbar vor sich hin dösend auf einem Barhocker, die kräftigen Arme aufgestützt vor sich auf dem backsigen Tresen. Ein Hüne von Gestalt, mit tellergroßen Pranken und der Reizbarkeit eines wütenden Stiers. In der Bernhard-Nocht-Straße geboren, in einem der alten Hinterhäuser, das Klo noch im Flur, in einer Wohnung ohne Badezimmer mit Ofenheizung; die Wände zur Wetterseite hin feucht. Das Haus ohne Unterkellerung, erbaut um 1870.

Wochenlang blieb ich auf seiner Fährte, wenn er, den stoppelhaarigen Kopf zwischen seine Schultern gezogen, durch die nächtlichen Straßen schlurfte, wie ein einsamer Wolf, nie in Begleitung, nie auf Kontaktsuche. Sein stechender Blick unter den zusammengewachsenen Brauen hielt auf Abstand, ließ keinen Raum für Vertraulichkeiten. Wenn er dann mal sprach, waren seine Sätze poltrig und abgehackt, erruptiv und rauh im Tonfall. »Gibst mir ein aus?« oder »Haste 'ne Lulle für mich?«

Ich ließ ihm Zeit, sich an mein Gesicht zu gewöhnen, dann lud ich ihn eines Nachts zum Essen beim Griechen in der Hein-Hoyer-Straße ein, lange nach Mitternacht. Er war zu laut für den kleinen Raum, seine Armbewegungen zu groß für den kleinen Tisch. Verlangte Spaghetti mit viel Ketchup, deckte sie damit zu, und eine Cola, es wurden sechs daraus. »Ich muß erstmal nüchtern werden!« Die Spaghetti glitschten über den verglasten Tisch, nach der halben Portion schmiß er das Handtuch. »Eigentlich ernähr ich mich nur flüssig.«

In einer dieser Nächte erzählte er mir seine Geschichte. Stockend zuerst, um Wörter bemüht, dann trotzig, direkt auf mich zu, kaum daß er sich Zeit nahm, seinen Kaffee zu trinken. Mit seinen Pranken vor meinem Gesicht herumfuchtelnd, fragte er mich: »Hast du das Tonband auch laut genug eingestellt? Man hört ja gar nichts!«

Ein Gespräch wie eine Selbstaufgabe, mit einer Aussichtslosigkeit, die mich frösteln machte. Unauffällig, wie um mich von einem Druck zu befreien, steckte ich ihm Geld in die Jackentasche, für ein Hotel, für Essen, Schuhe, neue Jeans, für ... ich wußte es auch nicht genau wofür, ein hilfloser Versuch, irgendwie Hilfe zu leisten.

Den Rest der Nacht schlief er zusammengerollt wie eine Katze auf meiner Couch, fünfunddreißigjährig, mit dem Gesicht eines verwüsteten Kindes, seine Jacke zusammengerollt und unter den Kopf geschoben. Das Klappern meiner Schreibmaschine nebenan störte ihn nicht. Gegen Mittag wachte er auf, fragte nach der Uhrzeit und ging, ohne das angebotene Frühstück anzurühren, ohne Gruß, ohne ein Wort.

Wochen später fand ich eine Nachricht im *Hamburger Abendblatt.* Die Polizei hatte ihn verhaftet, weil er eine Frau mit einem Messer lebensgefährlich verletzt haben sollte. Ein Foto war auch dabei von ihm, die Lippen zusammengepreßt, dunkle Ränder unter den Augen, ein Gesicht, eingefroren von Hoffnungslosigkeit.

»Bis zu meinem vierten oder fünften Lebensjahr war ich auf St. Pauli. Dann bin ich ins Heim gegeben worden, von Amts wegen, weil Angehörige von mir beim Zirkus tätig waren.

Meinen richtigen Vater kenn ich nicht. Meine Mutter hatte mit meinem Stiefvater zusammengelebt. Sie hat mich immer zu Verwandten gegeben, Tanten und Onkel, und die haben alle auf St. Pauli gewohnt. Das waren so Zuhältertypen. Ein Nachbar hat sich beschwert, daß meine Mutter nicht in der Lage wäre, mich zu erziehen, weil sie im KZ gewesen ist. Sie war im KZ, weil sie sich für die Juden geradegemacht hat. In welchem KZ, weiß ich nicht, ich weiß nur, daß sie erst im UG war und anschließend im KZ schon in der Todeszelle gesessen hat. Sie ist dann aber freigesprochen worden, wegen ihrem Mutterkreuz von Adolf. Wann sie ins KZ gekommen ist, weiß ich nicht genau, ich weiß nur, daß es Akten gibt. Ich hab einen Bekannten, der das bestätigen kann.

Meine Mutter hat anfangs von der Sozialbehörde gelebt und dann als Bardame in Lokalen gearbeitet. Sie hat sehr viel Männerbekanntschaften gehabt. Mein Stiefvater kommt vom Karl-Muck-Platz, wo heute das Unilever-Haus steht. Damals waren da noch Wohnhäuser, Torwege und Hinterhöfe, und es gab da auch noch einen Puff. Dort hatte meine Mutter den Hermann kennengelernt. Damals mußte ich immer Onkel Hermann zu ihm sagen, die waren ja nicht verheiratet. Als ich zwölf war, haben die beiden geheiratet.

Ich bin bis zu meinem 18. Lebensjahr im Heim gewesen. Ich habe aber dort keinen Beruf gelernt, ich habe nur fünf Jahre Heimschule. Schreiben kann ich, lesen kann man es, aber ich mache sehr viele Fehler. Rechnen kann ich so gut wie gar nicht. Kann nur Geld zusammenrechnen oder Karten spielen. Die ganzen Jahre im Heim haben wir gespielt. Dort gibt es nur Spiele, Strafen, Schläge.

Mit achtzehn bin ich rausgekommen und wieder nach St. Pauli gegangen, dann bin ich kurze Zeit zur See gefahren als Decksmann. Erst kleine Fahrt und dann große. Bei Woermann bin ich zuletzt gefahren. Ja, und dann bin ich wieder nach St. Pauli gegangen.

Meine Mutter habe ich immer gesehen, spätestens alle vierzehn Tage, weil ich wissen wollte, was mit ihr los

ist. Ich habe meine Mutter sehr gemocht. Ich hatte tierische Angst um sie.
Ich habe ein Mädchen gehabt, Monika, die hat auf dem Pferdemarkt gewohnt und sich immer ein bißchen um mich gekümmert. Die war älter als ich. Was heißt gekannt, ich habe für die Nutten und Zuhälter eingekauft, und dann habe ich Geld dafür bekommen.
Ich würde immer wieder hierher zurückkommen, ich glaube nicht, daß es etwas geben würde, was mich hier vertreiben könnte. Ich gehöre hierher, wo sollte ich auch anders hin. Hier habe ich immer noch eine Chance zu überleben.
Die Ausländer finde ich Scheiße, es hat mit dem »Sahara« angefangen. Erst haben sie auf Luden gemacht, dann auf Dealer. Da konnte nachher alles verkehren, erst kamen die Neger und dann die anderen Ausländer, und da hat sich alles geändert. Die Ausländer haben dann versucht, die Nutten mit Hasch und LSD für sich zu gewinnen, sie auf ihre Seite zu ziehen. Das habe ich nie begriffen, ich habe mich schon damals dafür eingesetzt, schon aus dem Knast raus. Ich habe immer zu den Leuten gesagt, laßt eure Weiber nicht so von den Ausländern einfangen mit billigen Dingern. Ein paar haben auch versucht, sich geradezumachen, sich dagegen zu wehren, aber das hat nicht geklappt. Mit einmal haben dann die Ausländer hier die Oberhand gewonnen, eben durch das Rauschgift und mit Gewalt. Akzeptieren tue ich das auf keinen Fall.
Als ich zwanzig war, bin ich abgerutscht. Ich hatte viel Captagon genommen und war schon früh unterwegs, weil ich Sorgen hatte. In der Bar hat ein Mädchen versucht, mich zu animieren, und ich habe immer gesagt, ich habe kein Geld, ich will gar nichts. Da ist sie nicht drauf eingegangen. Dann laberte mich auch noch der Lude an, weil ich ein bißchen deutlich gworden bin. Jedenfalls habe ich dem Luden eine reingehauen und sie

gewürgt. Und dabei, wie ich den Zuhälter geschlagen habe, habe ich gesagt, ich leg dich um. Daraus ist mir ein Mordvorsatz gemacht worden. Die Rekonstruierung der Staatsanwaltschaft war eben so – was gar nicht stimmte –, daß ich die Lokalkasse haben wollte, und darum mußte ich ja die beiden ausschalten, weil sie außer mir die einzigen Gäste waren.

Das war damals in der Talstraße, ich weiß nicht mehr den Namen, heute heißt es anders. Bei den *St. Pauli Nachrichten* in der Hein-Hoyer-Straße habe ich mich gestellt, ich wollte ja in den Knast, das habe ich auf dem Gericht auch gesagt, bei der Verhandlung, weil sie mich gefragt haben, warum ich das gemacht hätte. Bei den *St. Pauli Nachrichten* ist so ein Torweg, und da waren mehrere Peterwagen, und dort habe ich mich gestellt, daß heißt, ich habe mich anstandslos festnehmen lassen. Ich kannte das ja da, ich wußte, daß ich da nicht wieder rauskonnte. Ich kenne alle Hinterhöfe hier.

Vor zehn Jahren habe ich neun abgesessen in Santa Fu. Als ich rauskam, war ich fast dreißig. Anfangs habe ich von einem jungen Ehepaar gelebt, das mich die letzten zwei Jahre in der Haft betreut hat. Von denen habe ich ein bißchen Geld bekommen und von dem Arzt, das ist ein Bekannter von meinen Eltern. Die hatten mir versprochen, daß sie mir helfen wollten. Ich habe natürlich viel Geld gebraucht, weil ich Nachholbedürfnisse hatte. Das war ja alles neu, ich habe das ja nicht mehr begriffen, nach neun Jahren.

Wir haben uns mehrmals verkracht. Die beiden waren noch ziemlich jung. Meine Erfahrungen, die ich gesammelt habe in den ganzen Jahren bis dahin, waren mehr als überdurchschnittlich und haben sich mit dem, was sie gelernt haben oder was sie studiert haben, nicht vertragen. Ich war immer der Doofe. Weil ich Geld bekam, mußte ich immer das Maul halten, doch da habe ich dann kein Bock mehr drauf gehabt.

Wenn ich Geld hatte, habe ich im Hotel gewohnt. Ich habe Billard gespielt und damit Geld verdient. In der Spielhalle waren immer Ausländer, und die setzen von ganz allein. Ob das ein Zuhälter war oder nicht, das interessierte mich nicht.
Ich kenne St. Pauli sehr gut. Ich kenne zwar nicht alle Lokale mit Namen. Erstens vergesse ich Namen schnell, genau wie Daten, aber ich kenne die Lokale und ich weiß, woran ich hier bin. Daß die Häuser weggerissen werden, macht mir nichts, ich mache mir darüber keine Gedanken.
St. Pauli hat für mich bedeutet, daß es hier tatsächlich mal einen Zusammenhalt gegeben hat, und wenn's einem mal dreckig gegangen ist, so wie mir heute, hat man damals ohne weiteres gleich Hilfe bekommen. Das war so in den fünfziger Jahren. Ohne großes Bitten und Betteln ist man sofort aufgenommen worden; man hat die Unterstützung bekommen, die man brauchte, von Zuhältern und solchen Kreisen.
Heute betrügen sie sich gegenseitig. Das kommt wahrscheinlich durch die Ausländer, ich meine, daß die so

viele Streitfaktoren reinbringen. Und gewisse Ausländer meidet man, weil ihnen der Ruf vorausgeht, sie seien Stecher, da haben die meisten Angst vor. Es herrscht jetzt überhaupt Angst vor Gewalt. St. Pauli ist mal beherrscht worden von Leuten, die nicht nur Gewalt ausgeübt haben, sondern die tatsächlich auch noch Menschen waren, die hatten das alles unter sich. Aber mittlerweile sind die gestorben.
Natürlich war St. Pauli auf seine Art immer ein gefährliches Pflaster, das ist richtig, aber vieles ist auch Gerede. Angenommen, mich lädt jemand ein und ich benehme mich da schlecht, dann sagt der auch irgendwie, verpiß dich, du alte Sau, und so ist das auf St. Pauli auch. Die meisten kommen rein und grölen und machen da rum, machen die Frauen an und wundern sich dann, wenn da einer aufkreuzt und sagt, paß mal auf, Butje, hier geht das nicht so. Ja, und heute hauen sie eben schneller zu, weil sie es nicht anders gelernt haben, denn wenn wir ruhig sind und versuchen zu reden, dann lachen sie über uns. Dann werden sie immer frecher, das verstehen die eben falsch. Die meinen gleich, wenn da einer rausfliegt, oder er kriegt ein paar aufs Gehirn, dann sagen sie, das sind die Zuhälter von St. Pauli, oder das ist das Milieu. Aber was der Gast da mit den Frauen anstellt oder ob der Gast vielleicht schuld ist an der linken Randale, das kommt selten zur Sprache. Ich finde, das sollte man den Leuten jetzt endlich mal klarmachen. Es gibt hier gefährliche Typen, und es gibt hier Leute, die haben's faustdick, ist doch klar, aber die machen nichts, wenn einer nur reinkommt, seinen Drink bestellt und eine Frau oder ein Mädchen nimmt, ruhig nach oben geht, dann macht hier keiner was.
Ich habe keine große Wahl für meine Zukunft. Mich hat man im Knast kaputtgemacht, seelisch. Durch die Beeinflussung, man hat mir damals – so sehe ich das jedenfalls, und ich sage das auch so, weil das eine

Tatsache ist – nicht beikommen können, weil ich als Jugendlicher schon durch meinen Sport den anderen immer überlegen gewesen bin, nicht durch Intelligenz, aber doch auch durch Cleverness, die ich mir in den Heimjahren und den Jahren später auf St. Pauli erworben habe. Ich hatte einen Ruf, und die wußten, daß sie bei mir nichts zu erwarten hatten, daß ich ihnen zwar nichts tue, aber sie sollten mich mit solchen Sachen in Ruhe lassen. Und da haben sie eben im Knast mit unfairen Mitteln versucht, mich kaputtzumachen. Das ist kein Vorwand, ich habe ja damals auch gearbeitet, und zwar sehr gern. Ich hatte Arbeitsstellen, die mir gefallen haben. Ich kann sagen, daß ich mich damals auf den Schiffen ganz wohl gefühlt habe.

Ich könnte heute noch leichte Arbeiten machen. Krankgeschrieben bin ich nicht, aber das versucht jetzt ein Arzt, damit es geglaubt wird, daß man mich im Knast kaputtgemacht hat. Er versucht sich dafür jetzt einzusetzen. Ich habe auch einen Anwalt, und sie alle versuchen der Sozialbehörde und den Leuten überhaupt klarzumachen, daß es tatsächlich so ist.

Eine Zukunftsprognose für mich sehe ich nicht. Ich bin praktisch am Ende, das kann man sagen. In der Kneipe würde ich schon arbeiten, aber heute kenne ich zu wenig Leute, die auch mich kennen. Hohe Schulden habe ich nicht, auch nicht aus den Straftaten. Was Linkes würde ich nicht machen, um wieder zu Geld zu kommen. Zuhälterei liegt mir nicht und Dealen und Rauschgift auch nicht. Wenn ich könnte, würde ich mir eine kleine Wohnung auf St. Pauli nehmen.

Ich lebe praktisch von der Hand in den Mund. Ich schlafe nachts auf dem Rasen oder auf der Parkbank. Manchmal nimmt mich einer mit. Wenn ich krank werde, würde ich mich irgendwo im Krankenhaus melden. Bei Zahnschmerzen könnte ich vielleicht zu dem Arzt gehen, den ich kenne. Das weiß ich, daß ich

da immer hinkommen kann. Duschen und rasieren kann ich mich nur bei den Leuten, die mich manchmal mitnehmen.
Ich fühle mich hier geborgen und wohl, weil ich das Milieu kenne, und das gibt mir viel. Das Milieu ist für mich St. Pauli. Die Straßen, nicht die Menschen. Im Grunde hasse ich diese linken Typen. Es gibt viele Menschengruppen, die ich hasse, mit denen ich mich auch nicht abgebe. Ich bin immer alleine, ich bin immer ein Einzelgänger gewesen, und ich habe mir noch nie große Cliquen gewünscht. Ich bin auch nie Rocker gewesen oder so.
Mich mag man nicht, das weiß ich. Das hat man mir auch mehrfach deutlich gemacht. Es gibt Leute, die mich hier nicht mögen, aber die stören mich nicht. Es gibt andere, die mich mögen, doch die stören mich meist. Aber es ist hier leichter zu überleben.«

Hart im Nehmen

Kurz vor Mitternacht. Ich bin unterwegs zu Helmut, der eine Kellerpinte an der Hafenseite hat. Er gehört zu jenen Menschen, die einem gleich das Gesicht verbiegen, wenn man sie streicheln will. Für mich eine Beziehungskiste auf Abstand: guten Tag und guten Weg und dazwischen ein paar Drinks miteinander und mehrere Dombummel.
Schon an der Ecke stutze ich: Die Leuchtreklame ist aus, die Fenster sind dunkel. Die paar Stufen hinunter. Die Tür ist unverschlossen. Knarrt seit Jahren beim Öffnen. Eine Wolke abgestandener Kneipenluft schlägt mir entgegen, schwaches Licht in Rot, das wenig erkennen läßt. »Hallo, ist da jemand?« Keine Antwort. Ich

MALEREI

taste mich zum Tresen vor, dort ist es heller. Dabei sehe ich die vornübergebeugte Gestalt mit dem gefleckten Hemd. Meine Hand findet den Sicherungskasten. Vierzig-Watt-Birnen geben Licht. Helmut. Das Hemd, das ich für Batik hielt, voller Blut, ebenso der Kopf. Vorsichtig versuche ich festzustellen, ob er noch lebt. Er atmet. Erleichtert versuche ich ihn wachzukriegen. »Der andere war besser«, lallt und stöhnt er. Mit Mühe entsteht ein Puzzle: Schlägerei, Brummschädel, zweckentfremdete Bierflaschen und als Folge davon eine nässende Platzwunde auf dem Kopf. »Aber den andern hat's auch erwischt.« Gäste kommen. Nach fünfminütigem Sozialpalaver wird's praktisch: Tetanus für alle Fälle. Mit feuchtem Lappen und frischem Hemd wird das Opfer wieder vorzeigefähig. Dann widerwillig die Treppe hinauf und ins Auto, Richtung Hafenkrankenhaus. Aufnahme-Ambulanz, ein paar Fragen zur Person.

Um uns herum die Leidensspuren einer St.-Pauli-Nacht: mit aufgequollenen Gesichtern, verrenkten Gliedern oder verfärbt im Preßverband über einer ungenau getroffenen Schlagader. Es dauert eine Stunde, bis wir dran sind. Schere, Tupfer, Klammern, Verband und Spritze, Geruch von Beruhigung, die flinken Finger. Verdacht auf Gehirnerschütterung oder Fraktur. Ein paar Stunden Ruhe bis zur Röntgenaufnahme am frühen Morgen.

Einstiche

Er war seit acht Monaten »trocken«. Schießgifte. Kam aus Ochsenzoll. Lange braune Haare, vereinzelte Tätowierungen auf Brust und Oberarmen, die er sich im

Tattooshop von Dieter und Gerd hatte stechen lassen. Spielbudenplatz.
Uwe stand mit dem Rücken gegen die Glasscheibe des Imbisses gelehnt, Höhe Taubenstraße, leicht angetrunken, schien es mir. Gerd hatte Dienst hinterm Tresen.
»Willst du ’n Kaugummi?« Jeans und ein offenes Jackett ohne Hemd, einen Ohrring mit einem silbernen Marihuanablatt, rechts nepalesische Ringe an den angeschmuddelten Fingern. Ich nahm sein Kaugummi. Ihm gegenüber hockten ein paar Berber, eine Frau dazwischen, neben sich eine Handvoll ausgeleerter Minetti-Flaschen, und grölten nach ein paar Münzen.
»Ich bin völlig abgebrannt, bin mause. Gibste mir ’n Kaffee aus und ’n Brot?«
Er wirkte unruhig, sprunghaft, konnte kaum seine Finger ruhig halten. Rauchte Kette, alles Lungenzüge, wie ein Ertrinkender, Gitanes. Einen eigenartigen Glanz in den Augen.
Meinem Blick wich er aus. Hastig schlürfte er seinen Kaffee ohne Milch und Zucker, verschlang das Mettbrot mit Zwiebeln. »Nochmal das gleiche?« Er nickte.
Ich kannte ihn seit ungefähr zwei Jahren, kannte seinen Vater, seinen Onkel, seine ganze Familie. Hatte ihm eine Torte machen lassen, als er achtzehn wurde. Für mich war er immer schon ein windiger Bursche, der in mir so was wie einen großen Bruder sah. Hatte mich zigmal über ihn geärgert, seine Unzuverlässigkeit, seine Wortbrüche; über seine Blumenpötte mit Marihuanapflanzen im offenen Fenster zur Straße hin. Über seine Alkoholexzesse, wenn ich ihn morgens im Hausflur seines Onkels, total abgefüllt, in seinem Erbrochenen liegend fand, zwischen den Resten eines zermanschten Wienerwaldhuhns. Hatte ihn angebrüllt, unter die eiskalte Dusche gestellt und ihm starken Kaffee eingefüllt. Es half alles nichts. Zufrieden schmatzend schlief er in meinem Arm ein. Man hätte ihn hinaustragen können.

»Kannst du mir etwas Geld geben? Du bekommst es wieder, auf Ehre!« Alles wieder mit diesem Dackelblick, den ich so genau an ihm kannte. Dazu dieses spitzbübische Lächeln, daß es einem schwermachte, ihm über längere Strecken böse zu sein. Sein leise vorgetragenes »Bitte« war eine Spitzenleistung an Korruption.
»Komm mit, ich will mit dir reden!« Das angestellte Tonband mit dem Mikrophon ignorierte er, hatte sich breitbeinig hingesetzt, Jacke und Schuhe aus und sich über meine englischen Toffees hergemacht. »Bist du mir auch nicht böse?«
Gegen Ende unseres Gesprächs begann er unruhig zu werden und an seinen Fingernägeln zu kauen, wurde so unkonzentriert, daß ich abbrach. »Kannst du mir jetzt 'n bißchen Kohle geben?« Seine Hand war kalt und schweißig. Achtlos steckte er das Geld in seine Jeans. »Dufte. Danke. See you«, und weg war er. Ich räumte das Bonbonpapier weg und machte mich an das Abtippen unseres Gesprächs.

Du bist jetzt zwanzig Jahre alt, hast keinen Beruf erlernt; was hast du vorher gemacht?
Bis zu meinem fünfzehnten Lebensjahr ging ich zur Volksschule hier auf St. Pauli, fuhr dann drei Monate zur See.
Große oder kleine Fahrt?
Das war ein KÜMO auf der Ostsee.
Ein Küstenmotorschiff ...
Danach bin ich im Geschäft meines Vaters tätig gewesen. Bis ich dann vor Monaten gegangen bin.
Aber du hast ... du warst ziemlich in der harten Drogenszene drin. Sehr früh schon mit dreizehn.
Mit elf.
Wie bist du da reingekommen? Hast du Freunde gehabt, die dir das beigebracht haben oder so? Wie bist du an den Stoff herangekommen?

Die erste Zeit war's nur Haschisch und Marihuana, und das habe ich die erste Zeit genommen bei meinem Onkel, der hatte hier früher ein Geschäft gehabt, und da waren zu der Zeit auch schon Rauschgiftabhängige von harten Drogen.

In der Friedrichstraße?

Ja, in der Friedrichstraße.

Das Kellergeschäft?

Ja!

Und du warst neugierig, oder hat es dir jemand beigebracht? Oder wie ist es passiert?

Nee, das ist... ich habe sehr früh angefangen zu arbeiten. Mit sechs Jahren. Und als ich sechs Jahre alt war, durfte ich die ersten Male weg. Und das war dann nur abends ab 19 Uhr.

Dann durfte ich zu meinem Onkel gehen.

Du bist also richtig hier auf dem Kiez, auf St. Pauli, aufgewachsen.

Ja.

Und wie bist du dann an die harten Drogen rangekommen? Das kostet doch alles Geld. Hast du immer reichlich Geld gehabt, daß du...

Ja, ich hab als Junge immer mehr Geld gehabt als andere Jungen, weil ich auch gearbeitet habe. Und die erste Zeit bin ich auch billig herangekommen. Durch Freunde, oder was sich so Freunde nennt.

Das waren aber auch meistens Ältere?

Älter als ich.

...und alle waren in der Drogenszene drin, oder waren das auch bloß alles solche Antester?

Nein, die waren schon länger drin. Also, als ich anfing zu rauchen, da waren die Leute zum größten Teil schon auf Schießgifte.

Wann ging es mit den Schießgiften bei dir los?

Als ich fünfzehn wurde. Und da war das auch bei meinem Onkel, ich war neugierig darauf gewesen. Mit siebzehn habe ich dann meine erste Entziehungskur gemacht. Seit dem ersten Entzug ging es dann erst richtig los mit dem »Drücken«.

Und wie hast du dir diese Schießgifte beigebracht? Erkläre einmal, wie hast du es gemacht? Mit der Spritze oder mit dem Löffel.

In der ersten Zeit habe ich ziemlich viele Ampullen gedrückt, Morphium und Schlafmittel. Nachher bin ich mit einem Straßenmädchen zusammen gewesen, und die hatte gute Beziehungen gehabt zu Heroin, und dann ging's auch richtig los damit. Ich hab's dann auch selbst verkauft, weil sie es billig bekommen hatte.

Was heißt hier billig, was kostet ein Gramm Heroin?

Ich hab seit acht Monaten nicht mehr gedrückt, und ich schätze 450 bis 500 Mark.

Hast du irgendwann auch geschnupft und so? Oder gar nicht.

Selten, sehr selten.

Kokain?

Kokain ja. Aber sonst überhaupt nichts weiter, die Wirkung ist auch nicht so doll.

Was ist das für ein Zustand, high zu sein mit so einer harten Droge. Was gibt es dir?

Ich bin dann voll in der »Leck-mich-am-Arsch-Stimmung«, und mir kann keiner mehr was.

Eine Art Weltflucht oder so?

Ja.

Du haust also gewissermaßen ab.

Ja.

Scheißt alle Leute vor'n Koffer und verschwindest?

Das ist richtig.

Bist du dann glücklich?

Ach, ich fühle mich jetzt wohler, jetzt, wo ich nicht drücke.

Wie oft hast du so gedrückt in der Woche? Jeden Tag?

Ja, täglich. Bis zu ein bis anderthalb Gramm.

Und wo kam das Geld her für das Zeug?

Von dem Mädchen. Sie hat es gekauft.

Sie ging anschaffen?

Ja, sie ging anschaffen... und ich habe noch was verkauft davon.

Warst du 'ne Art Zuhälter oder was?

Nee, das nicht, überhaupt nicht. Ich war ein Freund von ihr. Sie hat auch noch ihren Mann gehabt.

Wann hast du angefangen zu dealen mit dem Zeug? Alles während dieser Zeit?

Als ich abhängig wurde. Weil... ich konnte von mir aus nicht so viele Gifte kaufen. Ich hatte das Kapital nicht dazu.

Hast du gleichzeitig Alkohol genommen oder so was?

Nein.

Und diese Stoffe hast du größtenteils aus der Hamburger Szene gezogen?

Nein, ich bin auch oft in Amsterdam gewesen, und in Frankreich bin ich auch eine ganze Zeit lang gewesen.

War es denn leicht, den Stoff über die Grenze zu bekommen?

Ich hatte nie Schwierigkeiten gehabt.
Wie hast du es gemacht?
Zum Beispiel auf der Toilette versteckt kurz vorm deutschen Zoll.
Hast du zu irgendwelchen Rauschgiftringen gehört, oder kanntest du nur einige Zubringer? Den richtigen inneren Kern kanntest du wohl nicht?
Ich kenn ein paar Zuhälter, die noch verkaufen.
Hat man dich irgendwo als Konkurrenten aufgefaßt, oder hat man dich so machen lassen.
Nein, nie. Deswegen habe ich nie Ärger bekommen.
Aber du hättest Ärger kriegen können?
Ja, sicher. Weil ich habe auch öfter grammweise verkauft.
... die lassen sich doch ungern das Geschäft wegnehmen.
Ja, außerdem war meins ziemlich billig und außerdem nicht gestreckt.
Was hat zu deiner Zeit beispielsweise ca. 1 Gramm gekostet, 450 Mark?
Zweihundert Mark.
Aber man panscht doch auch sehr viel mit Milchpulver oder mit Traubenzucker usw.
Ich habe mir geschworen, so etwas nicht zu machen, weil... ich habe mich beinahe mal mit Rattengift weggesetzt hier in Hamburg.
Also Thalium oder so was.
Ich weiß nicht, was es war. Ich weiß nur, daß ein Freund von mir dabei beinahe hopsgegangen ist.
Du bist doch eine Zeitlang, als das Geld immer knapper wurde und du immer häufiger einen »Affen« bekamst, das heißt, als du nicht mehr wußtest, wie du deine Entziehungserscheinungen unter Kontrolle kriegen solltest, bist du doch auf den Strich gegangen.
Ja, das kam selten vor. Aber wenn es nicht anders ging, dann hab ich's gemacht.
Wo? Auf dem Hauptbahnhof?

Meistens in Lokalen, Männerlokalen.
Was für Lokale? Hier auf dem Kiez?
Ja, auf dem Kiez auch, »Amigo-Bar.« «Spundloch«. Hauptbahnhof auch.
Was hast du für eine Nacht bekommen?
Das kam auf den Freier an. So im Schnitt 70 bis 80 Mark.
Das ist eigentlich relativ viel, weil das über die Norm ist. Was wollten deine Freier so von dir?
Am meisten Arschfick, aber ich habe versucht, den Leuten klarzumachen, daß ich darauf nicht kann. Ich habe auch versucht, immer offen zu den Leuten zu sein. Weil, ich fand das nicht gut, die Leute vollzuspinnen.
Aber irgendwelche Freundschaften haben sich daraus nicht entwickelt?
Doch. Ich bin jetzt auch noch mit Homosexuellen zusammen, aber nur kollegial, weil ich sehr gut mit den Leuten klarkomme.
Warum?
Weil sie meist offener sind als andere Leute. Sie gehen mehr auf mich ein.
Sie hören dir zu oder was?
Ja, das habe ich bei meinen Eltern nicht gehabt.
Aber du hast doch eine Menge Heterofreunde? Oder weniger? Hast du eine Freundin?
Nein.
Aber wenn du mit irgend jemanden ins Bett willst oder so, was machst du dann?
Ich sag es.
Du sagst es den Leuten. Ja klar ... Wie ist die Beziehung zu deiner Mutter?
Tja, ich hab sie unheimlich gerne ... Aber ich habe sie jetzt drei Monate nicht gesehen.
Sie kümmert sich nicht um dich?
Ich hab von Freunden gehört, daß ich nach Hause kommen soll und mit ihr reden soll.
Aber du willst es nicht.

Nee, ich möchte, wenn ich meine Wohnung hab und...
Du möchtest, daß deine Mutter zu dir kommt?
...bißchen hochgekommen bin, dann werde ich mich auch wieder melden. Dann werde ich meine Mutter und meinen Vater zum Essen einladen. Aber zur Zeit geht das nicht. Ich will den beiden auch beweisen, daß es auch alleine geht.
Dein Vater und deine Mutter leben getrennt?
Ja, sie sind verheiratet, aber sie leben getrennt.
Von was lebt deine Mutter? Wird sie von deinem Vater unterstützt?
Ja, die haben mehrere Geschäfte hier auf St. Pauli, und da arbeitet meine Mutter auch mit am Wochenende. Sonst ist sie auf dem Stück Land, das mein Vater vor kurzem gekauft hat.
Aber du hast doch noch Geschwister?
Ja, zwei Brüder und zwei Schwestern.
Du bist der Jüngste.
Nein, der Zweitälteste.
Wie ist deine Beziehung zu deinen Geschwistern?
Zu meinem älteren Bruder habe ich überhaupt keine Beziehung. Er ist Alkoholiker, und mir ist sehr oft Geld weggekommen. Und ich hatte ihn im Verdacht. Ich hab ihn auch immer noch in Verdacht, und ich fand das nicht so gut. Mit meinen jüngeren Geschwistern komme ich eigentlich sehr gut klar.
Möchtest du mal eine Familie aufbauen, möchtest du Kinder haben?
Ja. Bin unheimlich kinderlieb.
Und du willst in Hamburg bleiben auf jeden Fall.
Nee, nicht unbedingt. Ich würd gern nach Südamerika gehen.
Warum?
Weil das so ein Land ist, wo man frei sein kann.
Was heißt für dich Freiheit?

Keine Häuser, keine Straßen. Loszumarschieren und keine Mauern vor mir zu haben.

Du bist im Gefängnis gewesen. Und bist dann zu einer Entziehungskur in Ochsenzoll eingeliefert worden. Kannst du darüber ein bißchen erzählen?

Tja, das Gefängnis ging noch einigermaßen. Das konnte ich ganz gut verkraften. Aber in Ochsenzoll bin ich ziemlich heruntergekommen. Die erste Zeit fand ich es ziemlich interessant, mit den Patienten zu reden und zu hören, was die so drauf hatten. Aber nach einiger Zeit habe ich bemerkt, daß ich da selber so abgestumpft wurde. Ich wurde da eingeliefert, ich sollte ja eigentlich in eine Privatklinik, um da den Entzug zu machen. Und das sollte in drei Tagen über die Bühne gehen. Nach drei Tagen habe ich den Oberarzt gefragt, wie es nun aussieht. Und er sagte, daß dort kein Platz sei und ich vorläufig hierbleiben müßte und daß man dann morgen mit den Spritzen anfängt. Da gab es dann erst den richtigen Krach.

Was waren das für Spritzen, wieviel Spritzen bekamst du jeden Tag?

Ich hab sie nicht genommen.

Du hast sie nicht genommen?

Ich hab an den Anwalt geschrieben, an den Richter, an den Staatsanwalt ... und dann hab ich ein Schreiben bekommen, daß ich keine Spritzen brauch.

Und da warst du neunzehn Jahre alt, ungefähr?

Achtzehn, neunzehn.

Haben deine Eltern dich besucht?

Ja, das kam selten vor, aber sie sind gekommen.

Was haben sie denn gesagt? Haben sie dir Vorwürfe gemacht?

Ja, auch. Aber meist haben wir aneinander vorbeigeredet.

Ihr versteht euch also nicht, und deine Eltern sehen auch nicht ein, daß sie sich nicht um dich gekümmert haben?

Das weiß ich nicht. Meine Eltern sprechen nicht darüber. Ich hab das ein paarmal angetestet und habe nie eine Antwort bekommen.
Du hast einen Selbstmordversuch gemacht, als du noch sehr jung warst.
Vier bis jetzt.
Wann war ungefähr der erste? Wie alt warst du da?
Fünfzehn.
Und wie haben deine Eltern darauf reagiert?
Ach, der arme Junge, aber als ich nach zwei Tagen wieder aus dem Krankenhaus heraus war, ging's wieder los, das Rumgehacke. Ich war sowieso das schwarze Schaf in der Familie. Das war schon früher so, und das ist heute immer noch.
Wenn du dir was wünschen könntest. Was würdest du dir wünschen?
Noch einmal ein kleiner Junge zu sein.
So richtig, wie man es sich vorstellt? Mit vernünftigen Eltern, Geschwistern, mit denen man reden kann?
Nee, ich möchte ein bißchen mehr Glück haben und jung sein. Ich hätt's, glaube ich, ganz einfach anders angefangen. Aber es könnten auch dieselben Eltern sein.
Aber du möchtest im Grunde genommen noch einmal von vorne anfangen?
Ja.
Du möchtest immer noch nicht erwachsen sein, ist das wahr?
Das ist richtig.
Und warum eigentlich nicht?
Als ich 18 wurde, war das alles so... jetzt bist du erwachsen. Jetzt kannst du alles alleine in die Hand nehmen. Aber da sind so viele Sachen auf mich zugekommen, daß ich das total ungeil fand.
Du möchtest also nochmal das Gefühl von Geborgenheit haben? Das Gefühl von nach Hause kommen zu können

und alles solche Sachen, oder?
Nee, ich möcht noch rumalbern.
... und auch mal was ausfressen ...
... kleine Streiche machen, das ist was für mich. Ich bin schon immer ein kleiner Kasper gewesen.
Glaubst du, daß du kriminell sein könntest?
Ja, kriminelle Neigungen hab ich.
Wie meinst du das?
Ich glaub, das liegt im Moment daran, daß ich überhaupt kein Geld habe. Daß ich mir im Moment echt überlege, wie ich zu Geld kommen kann. Und würde man mir jetzt einen Plan hinlegen und mir einen Ballermann geben, ich glaub schon. Wenn ich mir das alles durchstudiert hätte und es für richtig halte, glaub, daß ich damit durchkomme, daß ich da mitmachen würde.
Aber aus einer gewissen Notsituation heraus, weil du dir so selbst nicht zu helfen weißt?
Ja.
Aber auf den Strich würdest du jetzt nicht gehen wollen?
Nein.
Warum nicht?
Nun, ich habe nicht solche Beziehung zu Männern, daß ich mit ihnen schlafen könnte.
Aber mit Freunden oder so, oder mit Leuten, die du gemocht hast, hast du auch ohne Geld geschlafen?
Ja, das kam drei- bis viermal vor. Ich bin davon überzeugt, daß jeder Mensch homosexuell veranlagt ist.
Und eine Freundin willst du dir nicht anschaffen. Irgend jemand, bei dem du dich gut fühlst, wenn du mit ihm zusammen bist.
Doch, möchte ich schon haben, aber ich habe sehr viele Mädchen oder Frauen, mit denen ich rumficke, das ist aber auch alles. Es gibt viele Frauen, die mir hinterherlaufen, wo ich dann aber kein Interesse zeige. Die Mädchen, hinter denen ich her bin, da klappt überhaupt nichts.

Mit einem Freund kannst du dir so etwas nicht vorstellen?
Nein.
Wie stellst du dir eigentlich dein weiteres Leben so vor? Was hast du für Pläne, was möchtest du gerne durchsetzen? Was hast du für Wünsche, und was meinst du, könntest du erreichen?
Darüber habe ich mir eigentlich noch gar keine Gedanken gemacht. Nur, Geld will ich haben. Ich bin unheimlich geldgeil.
Weil es für dich Unabhängigkeit, eine Art von Freiheit bringt, eine Art von Selbständigkeit?
Ja. Ich bin ein Typ, der jeden Tag durch alle Diskotheken hier in Hamburg marschieren kann, ohne daß es mir leid tut.
Aber so ein bißchen Geld auf die hohe Kante zu legen oder aufs Sparbuch zu bringen, an so was hast du doch nie gedacht?
Nein. Das einzige, was ich mache, ich spare für ein Haus. Ich bezahle monatlich 52 DM.
Du hast einen Bausparvertrag?
Ja, sonst spare ich überhaupt nicht.
Glaubst du, daß du jetzt von diesen harten Drogen ganz runter bist?
Das weiß ich nicht. Acht Monate, das ist keine lange Zeit. Vielleicht bin ich morgen wieder dabei.
Aber trinkst du jetzt viel Alkohol?
Ja. Die Zeit, als ich auf Heroin war, habe ich überhaupt kein Alkohol gemocht, aber jetzt trinke ich sehr viel.
Was ist das für ein Gefühl, wenn man einen Affen hat, wenn man Entziehungserscheinungen hat. Wie wirkt sich das bei dir aus? Bist du dann niedergeschlagen, oder hast du Kopfschmerzen?
Die erste Zeit mußte ich nur immer brechen, und dann fing es an, daß mir die Knochen weh taten, vor allen Dingen die Gelenke, und Schweißausbrüche hatte ich,

und dann habe ich wieder gefroren und dann wieder Schweißausbrüche. Ich konnte nicht mehr aufstehen.
Hast du Sehstörungen gehabt?
Nein, das nicht.
Hast du guten Kontakt zu gleichaltrigen Freunden?
Ja, die Leute, die mich auch im Knast besucht haben.
Die halten zu dir?
Ja.
Was sind das für Leute, was machen die beruflich?
Das ist ganz verschieden. Der eine ist Binnenschiffer, der andere arbeitet in einer Räucherei, viele sind beim Bund.
Und die sind alle irgendwie in der Drogenszene?
Die rauchen Haschisch und Marihuana, ab und zu LSD...
Aber keine harten Dinger?
Nein, aber angetestet haben sie es auch alle schon. Das sind auch die Leute, die mich davon ziemlich gut runtergebracht haben.
Vertraust du Menschen?
Das kommt darauf an, wer es ist und wie lange ich die Leute kenne.
Wenn du einmal Kinder haben wirst, was würdest du anders machen als beispielsweise deine Eltern?
Ich würde sie nicht so früh arbeiten lassen, denn ich weiß das von mir, daß es sehr schwer ist für einen kleinen Jungen, wenn er nach der Schule zur Arbeit muß, und andere Jungs fragen, ob er zum Spielen kommt, und man muß nur immer sagen, daß man keine Zeit hat.
Du hast mit sechs Jahren angefangen zu arbeiten?
Ja, ich weiß nicht, ob man das arbeiten nennt, aber ich mußte im Geschäft sein.
Deine Eltern hatten keine Zeit, sich um dich zu kümmern, weil sie im Geschäft zu tun hatten?
Sehr wenig.

Hast du irgendwelche Hobbys?
Zeichnen, Musik, Tanzen.
Was für Musik?
Tja, es gibt keine schlechte Musik, das ist alles nur eine Sache des Geschmacks. Bei mir guckt man von Beethoven bis zu Kiss, und von Kiss bis zu Reinhard Mey. Ich höre mir alles einmal an, entweder es gefällt mir, oder ich laß die Musik liegen.
Wie müßte eigentlich das Mädchen aussehen, das du irgendwann mal heiraten möchtest. Muß es 'ne gute Mutter sein?
Ja, das auf alle Fälle. Sie muß unheimlich lieb sein, denn ich muß es lernen, Liebe zu geben und wieder anzunehmen. So Zärtlichkeiten, die fallen mir unheimlich schwer.
Liebe zu geben oder Liebe anzunehmen?
Beides.
Du kannst also nicht gut zärtlich sein, obwohl du es möchtest?
Ich möchte schon, aber ich habe es nie gelernt und auch nie bekommen. Jedenfalls vom Elternhaus nicht.
Und irgendwo hast du es dir gewünscht. Mit deinen schwulen Freiern, mit denen du losgezogen bist, hast du da nicht so ein bißchen was wie Zärtlichkeit erfahren?
Doch schon, aber es hat mich angekotzt.
Warum? Weil es Männer waren?
Ja, weil es Männer waren.
Wenn es Frauen gewesen wären, wäre es etwas anderes gewesen?
Das weiß ich nicht. Es kommt auf die Frau an.
Aber bei Frauen hast du diese Erfahrungen nicht gemacht oder doch?
Ja, auch. Das waren dann meistens Mädchen, mit denen ich nichts anfangen kann. Meist waren sie zu dumm. Ich brauch ein Mädchen, das schlauer ist als ich.
Das dich ein bißchen an die Hand nimmt?

Ja, das mich führt und von der ich auch noch etwas lernen kann.
Bist du gerne zur Schule gegangen?
Ja, aber in den letzten Jahren habe ich von der Schule überhaupt nichts mehr mitgekriegt, denn wenn ich zur Schule gegangen bin, war ich meistens angetörnt. Und da hat es mich auch nicht interessiert, was gelaufen ist.
Wie soll eigentlich deine Wohnung aussehen?
Ausgeklinkt, ganz ausgeklinkt, etwas außergewöhnlich, was kein Mensch hat.
Du möchtest also gerne etwas Besonderes sein?
Ja, ich stand auch in der Schule und sonst bei meinen Freunden immer im Mittelpunkt. Ich laufe rum, wie es mir gefällt, und mache Sachen, worauf ich Bock habe. Es ist schwer, mich zu führen.
Weil du dich nicht führen lassen willst, oder weil man dich nicht führen kann?
Beides. Es gibt Leute, die mich führen können, aber das sind auch sehr wenige.
Und was verstehst du unter Führung?
Wie oft habe ich es mir vorgenommen, morgen mit meinem Freund zum Arbeitsamt zu gehen, und das lief nie. Als dann ein anderer Freund gekommen ist, bin ich gleich am ersten Tag mitgegangen, aber den kenne ich schon sehr lange, und ich habe auch Vertrauen zu ihm. Sonst sage ich, ja, ich mach das, und es geht alles klar, aber wenn er dann am nächsten Tag kommt, sage ich, ich habe keine Lust.

Lange hörte ich nichts von Uwe, war wohl wieder verschüttgegangen, nahm ich an. Sein Onkel hatte ihn endgültig vor die Tür gesetzt. Es mögen drei, vier Jahre dazwischenliegen. Dann sah ich ihn eines Morgens wieder, erkannte ihn schon von weitem, dürfte gegen drei Uhr früh gewesen sein, in der oberen Hälfte der Talstraße. Er trug einen hellroten Adidas-Trainingsanzug mit ausgebeulten Taschen, was mir zuerst gar nicht auffiel, und ausgelatschte Turnschuhe. Die Haare waren noch länger und ungepflegter, als ich sie in Erinnerung hatte. »Dufte, daß ich dich treffe. Kannste mir helfen?« Er strahlte und freute sich ganz offensichtlich. Wieder dieses Grübchengrinsen. »Ich hab doch keinen Führerschein, und heut nacht sind so viele Bullen unterwegs. Da drüben steht mein Wagen. Kannst du mir helfen, ihn in eine Parklücke zu schieben, damit er nicht so auffällt? Ich trau mich nicht, wieder einzusteigen und ihn selber reinzufahren, sonst greifen sie mich.«

»Ach du lieber Himmel!« Ich habe mit Autos immer Schwierigkeiten. »Wo steht denn dein Schlitten?«

»Da vorne, der Große, der so schräg steht auf'm Bürgersteig!« Es war irgendwas von Ford. Man mußte aufpassen, daß man nicht in die Rostlöcher faßte beim Schieben. Uwe drehte hektisch am Lenkrad. Ich schob wie ein Wilder und wurde zunehmend nervöser.

»Wenn nun tatsächlich die Bullen kommen, was mach ich dann, vor allem, was soll ich bloß sagen?!« Mir lief der Schweiß den Rücken runter. Uwe mochte vielleicht einen Wagen starten und lenken können, vielleicht auch noch abbremsen, aber wie man so einen riesigen Kasten halbwegs normal in eine enge Parklücke bekam, wußte er ebensowenig wie ich.

Maria, eine portugiesische Freundin, die grade vom Abendgeschäft kam – »also, ich schmeiß mich lang hin, was macht ihr denn da!« –, half uns, den Wagen endlich einzuparken. »Hier, halt mal meine Tasche. Aber wenn ich mir jetzt meine Fingernägel abbreche, kaufst du mir neue!«

Es brach kein Nagel ab! Mein Hemd war klitschnaß. Ich war heilfroh.

Für Uwe schien das mehr ein Happening gewesen zu sein, denn er war bereits wieder obenauf.

»Das ist ja nochmal gutgegangen, ich hab nämlich die Hosentasche voller Stoff. Dieser Scheißtyp ist nicht gekommen. Und als ich dann die Bullen von weitem sah, dachte ich an eine Falle und bin raus aus'm Wagen. Hab so getan, als gehörte der mir nicht. Die Polypen sind aber vorbei. Und dann hatte ich einfach Schiß, mich wieder reinzusetzen mit dem Stoff. Eine Lampe kann ich nämlich nicht gebrauchen. Gestern war schon mal so 'n Ding, hat mich so 'n Typ gelinkt. Ich sollte nur was vermitteln und hatte da überhaupt keine Aktien drin. War der Stoff doch so was von gestreckt mit diesem italienischen Kinderabführmittel, Manute heißt das Zeug, daß ich fast was auf die Fresse bekommen hätte. Weil die dachten, ich sei's gewesen. Reinen Stoff kriegste ja sowieso nicht mehr oder nur sehr schwer, ist alles gestreckt, aber doch nicht auf diese Weise. Dabei hab ich das nur aus Gefälligkeit getan, for nothing. Aber das sag ich dir, für die Türken mach ich nie wieder was. Nicht mal aus Gefälligkeit, die legen dich rein, wo sie nur können.«

Er lebte inzwischen mit zwei Mädchen zusammen, war in irgendwelche anarchische Kreise reingerutscht, Tankstellenüberfälle, wohl auch einige Banken. »Wir brauchen doch Betriebskapital für unsere Aktion, Flugblätter drucken für die RAF und so, und von irgendwas muß man ja auch leben.« Kreuz und quer durch Europa. Noch fahriger geworden, noch unruhiger, noch immer die gleichen kalten Hände mit den feuchten Innenflächen.

»Nur aufs Brutale kann ich nicht, da mach ich auch nicht mit. Auf jemanden schießen, einen niedermachen, da steh ich nicht drauf.« Seine Schilderungen klangen seltsam abgehoben, unrealistisch, utopisch, ganz im Gegensatz zu seiner labilen, formbaren Mitläufermentalität, die ich an ihm kannte.

»Komm, ich bring dich nach Hause. Wo wohnst du

eigentlich?« Irgendwo in einem Sechziger-Jahre-Bau hinter der Kirche. Wie ein Hund trottete er neben mir her, um uns herum begann es bereits hell zu werden. Umständlich fummelte er seinen Türschlüssel aus der Socke, schwankend mit einer Hand auf meine Schulter gestützt.
Vor der Haustür trennten wir uns. Sein Name stand nicht neben den Klingelknöpfen.

Die größte Frau der Welt

»›Werft mir nicht immer Äpfel ins Schlafzimmer!‹ so der Hilferuf eines Hamburgers, dessen Wohnung fünf Meter neben der S-Bahn liegt.« Der alte *Bild*-Zeitungsausschnitt fiel mir eines Tages in die Hände. Ein Phantomtäter mit einem Apfeltick schmiß wochenlang Scheiben ein. Die Tatwaffen waren immer nur Äpfel. Die Tatzeit um Weihnachten herum. Immer aus irgendeinem S-Bahn-Abteil heraus, genau abgepaßt und zack. Der Boskop-Freak muß eine ruhige Hand gehabt haben, um aus dieser Distanz aus einem fahrenden Zug heraus zu treffen. Er wurde nie gefaßt. Limitiert blieb auch seine Trefferquote, denn das Opfer zog aus. Ihm waren die Glaskosten zu hoch.
Viele Jahre später, wieder um die Weihnachtszeit, sitzt das Apfelopfer vor mir. Kaum wiederzuerkennen. »Na ja, was willst du, ich war damals siebenundzwanzig, das ist fünfzehn Jahre her.« Ein ovales, frisches, pausbäckiges Gesicht mit Ansatz zum Doppelkinn, die einstige Schmachtlocke, dunkelblond mit rötlichem Stich, inzwischen stark ausgedünnt, mittelgroße Figur. Gut eingefressen und in Übung. Konditor von Beruf. »Mein Chef hat mich rausgeschmissen, weil ich zuviel gefres-

sen hatte.« So ist er geblieben, rundlich, gemütlich und behäbig, so wie seine Umgebung, in der er lebt, als St. Paulianer aus Überzeugung. »Du, weißt du, ich fühl mich einfach wohl hier.« Genauso schmeckt auch sein Kaffee. »Handgebrüht mit 'ner Prise Kakao und mit Liebe gemacht.« Für mich ist es der beste auf dem Kiez. Seit über zweiundzwanzig Jahren lebt Herbert in Hamburg, eine Tante hatte ihn von Bochum nach Hamburg geholt. »Komm, Junge, du bist alleine«, es gab da noch eine Tante, »dann sind wir zu dritt, und du kommst nicht unter die Räder.«

Anfangs schlief er im Korridor einer Einzimmerwohnung auf einer Luftmatratze. »Jeden Abend mußte ich Tante Lene den Rücken massieren, das wußte das ganze Haus.« Nach dem Tod der Tante übernahm er die Wohnung, arbeitete als Kellner querbeet und hielt sein Geld zusammen. »Kurz vor Weihnachten hatte ich meinen Job verloren. Scheißspiel, da war mein Weihnachtsgeld natürlich auch flöten. Gott sei Dank, nahm mich die Chefin vom alten ›Laubfrosch‹ sofort hintern Tresen. ›Junge, wir können Gold machen, Gold könn wir machen!‹ War so 'n miefiger alter Keller in der Kastanienallee. Da drunter war noch einer, da kannste heute noch die Reste einer geziegelten Straße und 'nen zugemauerten Brunnen sehn, das war das alte St. Pauli vor über zweihundert Jahren. Kannste überall noch was finden, unter den alten Häusern Kastanienallee und Hopfenstraße, bis runter zum Hafen. Heute ist da Piotrs Theaterkeller drin, ein internationales Künstlerlokal, wo du Piroggi kriegen kannst und Bigus, Piotr ist Pole. Die Herzklappe von seinem Laden ist seine Frau Christa. Hat sich viel geändert inzwischen. Im alten ›Laubfrosch‹ traf sich alles, vom Seemann bis zum Luden. Und ich, als Anfänger, als Neuling im Nachtgeschäft dazwischen, keine Ahnung von Tuten und Blasen. Jede Nacht 'ne Flasche Weinbrand ex und morgens um neun dann das Bon-Buch rauf und runter mit diesigem Blick, hatte Mühe, überhaupt die Zahlen zu erkennen. Da verkehrte wirklich alles bis hin zur echten Gräfin mit Chauffeur. Das war 'ne Nummer für sich. Kommt die doch rein mit'm Henkelkorb voll Geld und gerät mit meiner Chefin sofort in die Haare. Zum Schluß war sie so voll, daß wir sie wie 'ne zersägte Jungfrau die Treppe nach oben stemmen mußten.« Herbert sitzt mir bei Kaffee und Schokoladenlikör gegenüber, in genau der Ecke des Hinterzimmers seines »Piccadilly Clubs«, wo er einmal im Jahr für seine Stammgäste ein Schlachtfest gibt. »Mit dem Trinkgeld laß ich 'ne Sau mästen, die wird im Herbst geschlachtet, und dann essen wir sie gemeinsam auf.«

Herbert ist voller Geschichten. Er erzählt von dem stämmigen Norweger, »der so sehr auf deutsche Volkslieder stand, besonders auf ›Das Wandern ist des Müllers Lust‹. Schon nach der ersten Strophe wußten wir nicht mehr weiter. Aber da er eine Lokalrunde nach der anderen schmiß, sangen wir halt fünfmal die erste Strophe.« Beim Bezahlen klaute ihm dann ein Stricher das Wechselgeld, und die Schlägerei war fällig. Im chinesischen Zimmer, von seiner Chefin sehr frei asiatisch nachempfunden, gingen alle Möbel zu Bruch. »Herbert, hol die Pistole.« Sie hatten sich gerade eine Gaspistole gekauft, aber keiner hatte die Gebrauchsanweisung gelesen. War noch original verpackt. »Ich also raus, das Ding geholt und damit rumgefuchtelt. Und der Norweger schrie immer nur: ›Hilfe, Polizei.‹ Ein Horror war das, und wir alle sternhagelvoll.«
Ein Einsatzwagen der Polizei kam, und alle mußten mit zur Davidswache. »Ich mußte da auf so 'm dußligen weißen Strich balancieren, gehn war ja nicht mehr. Ich balancierte wie bei Windstärke zehn. Und dann runter in die Ausnüchterungszelle. Arschkalt und keine Dekke.« Großer Auftritt seiner Chefin. Rehaugen, pechschwarze Haare mit Knoten. ›Lassen Sie sofort meinen Kellner frei. Er ist unschuldig. Und fassen Sie mich ja nicht an!‹ War bis unten zu hören. Gegen Mittag ließen sie mich raus.«
Er kramt in alten Kinderfotos, Bleylekind, weiße Ringelsöckchen und ein Segelschiff im Arm. Artig und pflegeleicht.
Es gibt gebutterten Stollen, ohne Serviette. Unauffällig wische ich meine backsigen Puderzuckerfinger an der bestickten Tischdecke ab. Sukkade hängt mir in der Plombe. Herbert erzählt aus seiner Kindheit: »1944 Bombenalarm, wir Kinder saßen schon im Bunker und spielten Halma. Was ist denn das, dachten wir. Kennst du den ausgestopften Walfisch in dem Wagen, den sie

Gastwirthschaft
und
Frühstücks-Local
Heinr. Drews.
schank
von
Frankfrt. Apfelwein

früher immer auf dem Dom zeigten? Genauso war's. Unheimlich dick, schob sie sich rein auf allen vieren. Der Bunker war ja nicht sehr groß, sehr lang auch nicht. Sie kroch auf uns zu, und wir hatten richtig Schiß vor ihr. Die Erwachsenen kannten sie ja wohl schon und zogen vorne an ihren Armen. Stehen konnte sie nicht, und von hinten drückten die anderen nach, die auch noch rein wollten. Schimpften und waren wütend, schrill vor Angst, denn draußen fielen schon die ersten Bomben, und die Tür ging nicht zu. Irgendwie ging's dann doch, weil alle mithalfen zu ziehen und zu schieben. Wir hatten im ersten Schreck ganz vergessen weiterzuspielen. Ganz rot war sie im Gesicht von der Anstrengung. So was von fett kannst du dir nicht vorstellen. Wie 'n riesiger Pfropfen in unserm kleinen Loch. Alles war voll von ihr, und wo noch Platz war, saßen die andern ringsherum. Bequem lag sie bestimmt nicht. Ein Wunder, daß wir noch alle Luft bekamen. Das war die größte Frau der Welt. Normalerweise wurde sie ja ausgestellt. Aber jetzt lag sie zwischen uns wie in einem eingelaufenen Futteral.«

Unterwelt Reeperbahn

Es beginnt mit wannenähnlichen Türen im Hochformat. Du fühlst dich wie in einem U-Boot ohne Tiefenanzeige. An den Wänden Klappsitze mit Nackenstützen. Licht gibt die Deckenbeleuchtung. Vorne unsere Führer: »Watching your head.« Kenzaburo Oe mir voraus, gefolgt von einem Team des japanischen Fernsehens. Thomas geht neben der Dolmetscherin. Die mit Tesafilm an die Betonwände geklebten Lagepläne werden gefilmt: Liegeraum, Lebensmittelraum, Sitzraum.

Die WC-Räume für Männer und Frauen, Druckschleuse und Notwasserbehälter für jeden Rettungsraum. Wir sind zwölf Personen, dicht zusammengedrängt, wie in einem Fahrstuhl, eine Herde Schafe vor dem hereinbrechenden Gewitter. »Das sind keine Räume zum Wohlfühlen, sondern zum Überleben.« Dienstag, im März 1982. Oben das frühlingshafte Wetter, Menschen, Verkehr, spielende Kinder und deren Ahnungslosigkeit.

Oe macht mit seinem Mont-Blanc-Füller engzeilige Eintragungen in ein schmales Notizbuch. Eine mittelgroße Gestalt in einem dunklen Mantel, dunkle Haare, dunkle Hornbrille mit starken Gläsern. Für einen Tag ist er mit dem Kamerateam nach Hamburg gekommen, um sich über deutsche Atombunker zu informieren, im Rahmen der japanischen Friedensbewegung.

Ein Satz aus einem seiner Bücher fällt mir ein: »Ich kann mir jemanden vorstellen, der sich aus lauter Verzweifelung entschließt, diese Wahrheit zu sagen ...« Ein unglaublich belesener Mann mit dem überraschenden Witz eines Clowns, wach, klar und fundiert.

Wir sind im Vorraum, sehen an der Wand vier tragenähnliche Betten und eine Liegebank. An der Stirnseite Tisch, Stuhl, Telefon und ein Handscheinwerfer. Ein beschriftetes Stück Karton: mit Leukoplast an die getünchte Mauer gepinnt: »Als Gott die Gehälter der Mitarbeiter dieses Raumes sah, drehte er sich um und weinte bitterlich.« Der Text bleibt unübersetzt. Ein technisch hochqualifizierter Schutzraum mit einem Notstromaggregat, einem Tiefbrunnen und damit eigener Wasserversorgung, ist mit zweisprachiger Selbstgefälligkeit zu hören, in deutsch und japanisch ist die Rede vom sanitären Zubehör. Der Begriff Atombunker sei Unsinn. Natürlich könne man in ihm auch bei Verstrahlung überleben. Aber nur wenn er weit genug vom Zentrum eines Kernwaffeneinschlags entfernt liege. Eine Wasserstoffbombe zum Beispiel werde einen Krater von zweihundert Metern reißen. Dagegen gebe es keine Bunker. Alle in Frage kommenden Bunker lägen im Innenstadtbereich, mit der Fassungskapazität von vier Prozent der Gesamtbevölkerung. Der Preis für die Mehrzweckanlage unter der Reeperbahn, direkt in der S-Bahn-Station zwischen dem »Crazy-Jeans-Shop« und dem »Cafe Metro«: zehn Millionen Mark. Kein Schild, kein Vermerk weist auf den Bunker hin, bis auf die unscheinbare Tür in der blaugestrichenen Wand.

Die Aufklärung der Zivilbevölkerung ist unerwünscht. »Ein Alarmplan wird im Ernstfall die Maßnahmen der Verwaltung für die zivile Bevölkerung regeln. Dieser Plan ist geheim und wird rechtzeitig über die Medien bekanntgemacht.« Zahlreiche Schutzräume im Innenstadtbereich, in dem nur wenige Menschen leben, während es in den bevölkerungsintensiven Randgebieten so gut wie keine Bunker gibt? Die Überlebenschance nach dem Grundsatz: Wer zuerst kommt, wird reingelassen, bis der Bunker voll ist. Ansonsten keine weiteren Kriterien? Meine Frage gefällt unserem Führer nicht. Und seine Entgegnung ist im Ton schärfer, als sie zu diesem Amtstischgesicht paßt. »In Hamburg gibt es keine verwaltungseigenen Bunker, mit Ausnahme der Schutzanlage unter dem Polizeipräsidium. Die ausschließlich der Polizeiführung vorbehalten ist. Selbst der Senat hat keinen!« Meine vorlauten Zweifel signalisieren Reue. Schadenfroh summt das Tonbandgerät in meiner Manteltasche. »Im Notfall gibt es noch die provisorischen Schutzräume aus dem Zweiten Weltkrieg. Sie sind aber zugemauert und werden von uns nicht unterhalten. Über deren jetzigen Zustand haben wir auch keinerlei Kenntnis. Darüber hinaus wird man die Keller der Wohnhäuser herrichten. Auch darüber gibt es einen Geheimplan für den Ernstfall.« Ich erwide-

re sein abgepacktes Instant-Lächeln, doch ein Gefühl von Ohnmacht und Verunsicherung durchflutet mich. Meine Füße sind eiskalt. Die abgestandene Luft schmeckt nach Tod, nach Schreibtischfilz, nach Verwaltungssärgen. Vier Prozent der Bevölkerung!
Wir gehen weiter durch weißgekalkte Gänge, vorbei an weiteren Schalentüren, grau und ausgewölbt, uns hermetisch einkapselnd in dieses Verlies aus Beton und Atemlosigkeit, aus nahtlosen Fugen und Kälte. Auch hier wieder diese engen Klappsitze an den Wänden. Weiter, ein paar Treppenstufen und einen Gang hinunter in Mausgrau und Weiß. Hier überlebt sogar im Friedensfall nicht einmal eine Mücke, ein Schmetterling oder eine muntere Eintagsfliege. Rechter Hand befindet sich ein kleines Zimmer, wie ein vergrößerter Sarg ohne Fenster. Der Raum des Bunkerwarts. Mit Mikrophon, Notaggregat und Sprechanlage. Eine Festung im Ernstfall inmitten eines Meers von Panik, schießt es mir durch den Sinn. Die Waschräume und WCs. Übereinander gestapelte Metallrahmen, 1,80 mal 0,40 Meter, sollen zu Betten werden, die Kunststoffbespannung noch fabrikneu verpackt in zusammengeschobenen Kisten. Mausgrau die Kopfstützen aus Schaumstoff. Wer überleben will, muß schlank sein. Für tausend Stunden Hoffnung. Eingezwängt zwischen ABC-Filter und Spritttanks mit 51000 Liter Fassungsvermögen. Die Filter für Strahlungswaffen, für einen biologischen Angriff oder einen chemischen Überfall. Sie alle müssen reibungslos funktionieren, minutiös muß die Luftversorgung laufen, ohne Stocken die Wasserdosierung aus dem Tiefbrunnen und die Disziplin der Geretteten. Welche Musik werden sie über die Lautsprecher spielen? Klassik, Pop, Volkslieder? Oder nur die Herztöne der Furcht?
»Die Aggregate sind an vier verschiedenen Stellen untergebracht, falls eines mal ausfällt.« Gewartete Sicher-

heit für 400 000 DM im Jahr. »Der Durchgangsverkehr läßt sich abteilen durch verschiebbare Mauern, so daß der Mittelgang der S-Bahn-Station mit einbezogen werden kann. Ständig herrscht ein leichter Überdruck. Acht Mann benötigen zweieinhalb Stunden, um den Reeperbahnbunker funktionsfähig zu machen. Genau acht Tore sind zu schließen.« Ich frage gar nicht erst danach, wie lange der Fall einer Bombe dauert, abgeworfen aus einem unscheinbaren Flugzeug. Zweieinhalb Stunden, um die Tore zu schließen bei einem Überraschungsangriff?
Ich stehe vor einer hellgraugestrichenen Tür mit der Aufschrift »Patienten-Liegeraum, Notküche, Lagerraum«. In der Notküche entdecke ich gestapelte Wahlurnen. »Im Augenblick wird sie dafür benutzt, Wahlunterlagen aufzubewahren.« Im Ernstfall könne ein warmes Getränk gereicht werden, ansonsten nur kalte Verpflegung. »In unserm Lagerraum haben wir alles, vom Hosenknopf bis zum Sarg.« Vermeintliche Sicherheit für viertausendfünfhundert St. Paulianer.
»Auch der Gleisbereich wird durch Tore abgeschottet. Vorher werden noch zwei überlange Züge reingefahren. Da sitzen dann die Leute drin, und der Rest liegt oder sitzt auf dem Bahnsteig oder in der Schalterhalle. Bettgestelle haben wir für fünfzehnhundert. Ein Drittel der Leute kann also wechselweise liegen, während zwei Drittel sitzen müssen, damit keine Unruhe entsteht.« Er hat, während er redet, eine Metallwand geöffnet. Zwanzig Zentimeter vor unsern Gesichtern fährt eine hellerleuchtete S-Bahn vorbei, planmäßig und ahnungslos. Zehntausend Mark kostet jeder Probebetrieb dieser Anlage. Unsere Schritte hallen, Metall scheppert leise, als einer vom Kamerateam dagegenstößt. Mit Erleichterung steigen wir wieder die Treppe hinauf, auf den Ausgang zu. »Ich bezweifle, daß wir von unseren Wehrpflichtigen verlangen können, uns zu verteidigen.

Wenn die Leute, die sich verteidigen sollen, ihre Angehörigen der Waffenwirkung völlig schutzlos ausgeliefert wissen. Denn dann kann man eigentlich nicht kämpfen.«

Gegenüber der gelbgestrichenen Rolltreppe treten wir durch die unscheinbare Tür wieder hinaus aus diesem unterirdischen Alptraum. Stumm gehen wir die Stufen hinauf zum Peppermühlenweg.

Danke!

Abbildungsnachweis

Umschlagfotos, unten links: Christine Schollmeier, 32, Kapitänin der Heilsarmee in der Talstraße; Foto: Jörg Meier; unten rechts: Erwin Ross, 54, malt erotische Bilder für den Amüsierbetrieb; Foto: Jörg Meier

S. 2 Zeichnung: Mathias Faber
S. 18 Zeichnung: Mathias Faber
S. 21 Lincolnstraße; Foto: Mathias Faber
S. 23 oben Malatelier Erwin Ross; Foto: Virginia Schmidt
S. 23 unten Sperrmüll auf der Reeperbahn; Foto: Mathias Faber
S. 27 oben Reeperbahn um die Jahrhundertwende; Foto: J. Hamann
S. 27 unten Bühnenshow; Foto: Kenn Duncan
S. 32 Zeichnung: Mathias Faber
S. 36 Kinder auf St. Pauli; Foto: Jörg Meier
S. 38/39 Ungarische Kapelle auf der Reeperbahn, 1901; Foto: J. Hamann
S. 41 oben Historische Aufnahme: Staatliche Landesbildstelle Hamburg
S. 41 unten Gastwirtschaft und Frühstückslokal, 1889; Foto: J. Hamann
S. 46 Brigitte B., Hausfrau; Foto: Jörg Meier
S. 50 Zerfallene Hinterhausfassade, Pinnasberg; Foto: Jörg Meier
S. 52, 53 Domenica Niehoff; Fotos: Jörg Meier
S. 57 Musikszene St. Pauli, im »Chicago«; Fotos: G. P. Reichelt
S. 68 Foto: Kenn Duncan
S. 72 Zeichnung: Mathias Faber
S. 79 Ramona Reyno, arbeitete Anfang der 70er Jahre im »Safari« auf der Großen Freiheit. Foto: Jörg Meier
S. 81 Martha Witwer, Kleinunternehmerin in einem Aluminiumkiosk auf der Reeperbahn/Ecke Hein-Hoyer-Straße. Foto: Jörg Meyer
S. 83 Transvestit; Foto: Kenn Duncan
S. 88 Historische Aufnahme: Staatliche Landesbildstelle Hamburg
S. 91 oben Große Freiheit; Foto: G. P. Reichelt
S. 91 unten Silikonbomber im »Salambo«; Foto: Keystone Pressedienst
S. 96 Joachim D., Industriekaufmann; Foto: Jörg Meier
S. 106 Nach einer Zeichnung von Erwin Ross; Foto: G. P. Reichelt
S. 113 Zeichnung: Mathias Faber

S. 225 Susanne R., 20, Friseuse; Foto: Jörg Meier
S. 229 Fischkisten am Rondenbarg, 1939; Foto: Heinrich Hamann
S. 233 Foto: Kenn Duncan
S. 243 Herbert Kairat, 67, fuhr als Maschinist zur See; Foto: Jörg Meier
S. 245 Historische Aufnahmen: Staatliche Landesbildstelle Hamburg
S. 252/253 Foto: Jörg Meier